激わかる!
GEKI WAKARU!

実例つき
管理会計

渡辺康夫 監修
ビジネス・ブレークスルー大学大学院教授

実業之日本社

はじめに

管理会計の「意義」を身につけ、役立てよう

　マネジメントのために必要な会計——これが管理会計です。しかし、会計を学んだことはあっても、管理会計を学んだことがある人は少ないと思います。
　また、入門書を読んだことがある人も、「どのようなときに使うのかわからない」と感じている人が多いと思います。
　マネジメントといわれてもピンとこないかもしれません。そもそも、企業における「マネジメント」とは、何でしょうか？

● 管理会計を必要とするビジネスシーン

　たとえば、**原価計算**。製造業では、製品1つにつきいくらの原価がかかるのかを計算します。その原価を細かく見ていくと、ムダが発見できます。そこから、「この部分に費用がかかりすぎているから削減」というように考えるのが、**原価管理**というマネジメントです。
　損益分岐点分析も重要です。どれだけ売れば（作れば）利益が出るのかを、計算によって求めます。そこから、「より多くの利益を出す計画」を立てるのが、**利益管理**というマネジメントです。

● 重要なのは未来に向けての意思決定

　管理会計では、こうしたマネジメントに関わるさまざまな判断を**意思決定**と呼びます。
　会社の進むべき道を考えるとき、とくに複数の選択肢がある場合に、経営者やリーダーは意思決定をします。未来は、誰にもわかりませんが、「迷ったと

きは、過去の経験から判断」ではなく、**計算や分析を通して売上高や利益、あるいはコストを予測しながら、具体的な方針を考えなければならない**のです。

　管理会計は、「今ある情報から未来を予測し、経営戦略を組み立てる」ときに必要な会計ともいえます。お金の出入りをチェックする経理や、決算書を読んで過去の業績を知る財務会計とは決定的に異なるのです。

●経営者でなくても必要な戦略とコスト意識

　本書では、管理会計を身につける以前に知っておかなければならない会計用語から、管理会計の基礎となる考え方までをくわしく解説しています。

　経営者やリーダーは、「現場のどこで役に立つのか」を知ることも重要ですが、それ以前に**管理会計とビジネスの関係**や**管理会計の意義**を知らなければ、適切なマネジメントができないのです。

　また、意思決定をするのは、経営者やリーダーだけではありません。事業やプロジェクトに関わる人は、すべて「利益目標必達」や「コスト改善」を避けて通れません。多くのビジネスパーソンが、日々の業務のなかで**戦略的な意思決定をすること**を求められています。本書は、こうした場面で役立つ実例をもりこんでいます。

　管理会計の意義を知り、知識を身につけて、それぞれの立場で日々の業務に活かしていただければさいわいです。

ビジネス・ブレークスルー大学大学院 教授　渡辺康夫

フローチャートでまるわかり
管理会計をビジネスに役立てよう
（本書の使い方）

さまざまなビジネスシーンで使われる管理会計。
具体的には次のような場合に必要となります。

管理会計が必要とされるシーン
- ◉ 新製品の価格決定
- ◉ 不採算部門の撤退検討
- ◉ コスト削減
- ◉ 決算書の分析
- ◉ 利益計画の策定
- ◉ 予算の見直し

「細かい解説よりも、管理会計を実際にビジネスでどのように使うか知りたい」という方は、本書の冒頭（14ページ～）Business Scene から読み始めることをおすすめします。読み進めるうちに、「何をするときに、どのような知識が必要か」が自然とわかるようになるでしょう。

管理会計は、以下のような流れで身につけましょう。

まずは、決算書を読む

決算書は、自社の過去の業績を把握するために必要な情報です。その中に登場するさまざまな用語の意味は最低限おさえておきましょう。

- 決算書のおさらい …………………… ➡ 48 ページ
- 売上高と売上原価 …………………… ➡ 58 ページ
- 「人件費」はどこにある？ ………… ➡ 60 ページ

「そもそも、決算書を見ても何が書いてあるのかわからない」「バランスシートの役割ってなんだっけ？」という方は、**Lesson 1** から読み進めましょう。決算書の見方と要点をやさしく説明しています。

管理会計の実践

①原価管理

②利益管理

③意思決定

実践・管理会計①「原価管理」

はじめに、管理会計と財務会計の違いを理解しましょう。また、コスト削減のためには**原価管理**が必要です。原価とは何かを知ったうえで、標準原価を設定し実際原価との差異を分析しましょう。

- ● **財務会計と管理会計の違い** ……… ➡ **70 ページ**
- ● **原価管理の3つの手法** …………… ➡ **84 ページ**
- ● **標準原価計算** ……………………… ➡ **86 ページ**
- ● **原価差異分析** ……………………… ➡ **92 ページ**

実践・管理会計②「利益管理」

経営理念の実現に向けては、いくつかのステップがありますが、管理会計ではとくに利益管理を重視します。代表的な手法としてマスターしたいのは、損益分岐点分析です。

- ● **利益計画** …………………………… ➡ **114 ページ**
- ● **予算管理** …………………………… ➡ **116 ページ**
- ● **損益分岐点を見つける方法** ……… ➡ **126 ページ**

実践・管理会計③「意思決定」

個別のプロジェクトの存続や撤退、企業全体にかかる投資など、意思決定が必要な場面はさまざまです。それぞれのケースに応じた管理会計の考え方を理解しましょう。

- ● **機会原価** …………………………… ➡ **158 ページ**
- ● **限界利益** …………………………… ➡ **164 ページ**
- ● **意思決定問題のタイプ** …………… ➡ **188 ページ**

「実際に見ることのない決算書より、原価計算が必要とされている」「会社からコスト意識をもてといわれている」という方は、**Lesson 2**から読み始めることをおすすめします。管理会計における原価管理の考え方をくわしく説明しています。

「原価計算はできるが、利益が出る計画を立てるのが苦手」「損益分岐点を把握できるようになりたい」という方は、**Lesson 3**を読むことをおすすめします。利益計画や予算管理はもちろん、実際に利益を出す手法まで紹介しています。

「原価計算や利益計画のような部分的な仕事ではなく、プロジェクト全体を統括している」「決裁権をもつ立場に昇格したばかりで不安」という方は、**Lesson 4**を読むことをおすすめします。そのプロジェクトのリーダーとして、責任をもって職務を遂行するためのヒントが盛りこまれています。

あなたも管理会計を"激"身につけて、ビジネスシーンで活用しましょう。

まずは目次へ GO！

contents

激わかる！ 実例つき 管理会計

はじめに ……………………………………………………… 2
フローチャートでまるわかり　管理会計をビジネスに役立てよう …… 4

Business Scene
管理会計の知識で読みとく経営ストーリー

Introduction	管理会計を使った経営判断が必要 ………………………	14
1	コスト削減と合理的な意思決定 ………………………	16
2	値下げによるシェア奪回、評価指標とアクションプラン ……	22
3	価格や目標販売数の設定　損益分岐点の分析・活用 ……	28
4	撤退のタイミングと限界利益の把握 …………………	34
5	利益確保のための合理的な意思決定 …………………	40

Lesson1
会計の知識なくして管理会計なし

Introduction	決算書のおさらい ………………………………………	48
1	損益計算書（P/L） ………………………………………	50
2	貸借対照表（B/S） ………………………………………	54

3	キャッシュフロー計算書（C/F）	56
4	売上高と売上原価	58
5	「人件費」はどこにある？	60
6	資産、純資産、株主資本	62
7	売掛金・買掛金、棚卸資産	64
8	減価償却費	66

Lesson2
原価を知り、管理する

Introduction	財務会計と管理会計の違い	70
1	管理会計の「原価」とは	74
2	直接費と間接費	76
3	間接費の配賦	78
4	固定費と変動費	82
5	原価管理の3つの手法	84
6	標準原価計算	86
7	実際原価計算	90
8	原価差異分析	92
9	直接材料費差異	94

10	直接労務費差異	98
11	ABC（活動基準原価計算）	102
12	ABM（活動基準原価管理）	106
13	ABB（活動基準予算管理）	108

Lesson3
利益管理とその実行

Introduction	経営者の仕事は利益管理	112
1	利益計画	114
2	予算管理	116
3	正しい業績評価	118
4	バランスト・スコアカード	122
5	損益分岐点を見つける方法	126
6	損益分岐点比率と安全余裕率	130
7	変動費型経営と固定費型経営	134
8	適正な価格を設定する	138
9	販管費を削減する	140
10	変動費率を下げる	144
11	事業部制・カンパニー制	146

| 12 | 事業部制における本社費の配賦 | 150 |

Lesson4
戦略的意思決定に必要な管理会計の知識

Introduction	マネジメントとは意思決定	154
1	機会原価	158
2	埋没原価（サンクコスト）	160
3	手余りと手不足	162
4	限界利益	164
5	限界利益率	166
6	企業価値	168
7	フリーキャッシュフロー	174
8	資本コスト	180
9	加重平均資本コスト	182
10	意思決定問題のタイプ	188

管理会計に関する公式一覧	194
参考文献	197
さくいん	198

編集・構成	造事務所
文	倉田楽、菅野徹、鳥羽賢
本文デザイン	吉永昌生、越海辰夫
図版・DTP	越海辰夫
イラスト	中井正裕
装丁デザイン	柿沼みさと

Business Scene

管理会計の知識で読みとく経営ストーリー

コスト削減から損益分岐点の分析、
さらに予算の管理まで、
さまざまな場面で管理会計は使える。

Business Scene Introduction

管理会計を使った経営判断が必要

本ストーリーに登場するのは次の2社だ。

キャロライン社は、幅広いラインナップを誇るプリンタ製造の大手。海外市場でもトップブランドとして認知される。国内では、低価格インクジェットプリンタ、オフィス用プリンタなど、すべての製品で新日本プリント社と激しいシェア争いをしている。

一方のタナカヤ製作所は、機械用部品を製造する中小企業。従業員は100人ほどだが、高い技術力を誇り、大手メーカーにも部品を納めている。

キャラ紹介

キャロライン社

社長
就任1年目。同社では久々となる営業畑出身の社長。持ち前の明るさとガッツで低迷気味の業績をV字回復させることができるか。

経営企画室長
留学後、アメリカ支社で現地採用された精鋭。社長が右腕として呼び寄せた。来季人事で執行役員に就任する予定。

鈴木部長
営業成績は抜群だが「ひと言多い性格」が災いし、出世コースから外れていた。今回、社長が製造部長兼業績改善プロジェクトチームのリーダーに大抜擢。

タナカヤ製作所

田中社長
大卒後、他企業で5年の武者修行を経て、父の経営する同社に入社。役員就任前には調達、製造、営業などひと通りの業務を経験した。

会長
高卒後上京。部品卸売業で3年勤めて独立開業した。バブル崩壊、リーマンショックと経営危機を乗り越えて、会長職に退いた。

コンサルタント
社長からの依頼で同社と顧問契約を結ぶ。管理会計の手法を用いて、企業経営の指導と経営者教育を行なっている。

企業におとずれるさまざまな岐路　5つのシーンでわかること

1. 外注化でコストは下がるのか？——**意思決定のための管理会計**
2. シェアを取り戻す営業戦略——**ビジョン実現のための管理会計**
3. 夢の新製品！価格や目標販売数は？——**分析のための管理会計**
4. 撤退のタイミングに鉄則あり——**業績評価のための管理会計**
5. その予算で利益は確保できるのか？——**利益管理のための管理会計**

プロローグ

キャロライン社全体が、騒然としている——それは鈴木部長もわかっていた。新社長の発案で、営業課長の鈴木を製造事業部へ異動、さらに部長兼業績改善プロジェクトチーム（PT）リーダーに抜擢した。「無謀」という声さえあった。

ライバルの新日本プリント社とのシェア争いで苦戦が続いている。それを漫然と受け入れている社内の空気を変えてくれ。きみには期待しているぞ。

鈴木部長は奮い立っていた。製造も業績改善もわからないことばかりだが、絶対に社長の期待に応えたい。鈴木部長の偽らざる心境だった。

そのころ、タナカヤ製作所の社長室で、田中社長は悩んでいた。中途入社以来、いつでも悩んでいる。経営危機のころ、父は「なるようになる。誰も命までは取らん」と笑っていたが、とてもそんな心境になれなかった。さいわい今は業績も堅調だが、そうなればなったで、次はいつ業績が悪くなるのかと思い悩むのが中小製造業だ。限られた資源をどう配分し、どの事業に注力すればいいか。

利益、原価、労務費……数字は明確だが、計算方法に自信がもてない。

そんな簡単な算数もわからんのか？

と会長は言うが、本当に簡単な算数なのか……。

Business Scene 1
コスト削減と合理的な意思決定

　新日本プリント社との激しいシェア争いを繰り広げているキャロライン社。とくに低価格インクジェットプリンタ部門では、60%あったシェアが40%にまで縮小した。そのテコ入れ案を出せと社長に命じられた鈴木は、起死回生の策として「製造の外注化」を提案する。

激わかる！ポイント　このストーリーで学ぶこと

- 意思決定とは、いくつかある案（代替案）の中から、最善の解決策を選択する行為のこと。
- 案を比較検討するときは、何が変わり、何が変わらないかを明確にするため、要素に分解して考える。

- たとえば製造原価であれば、固定費と変動費を見定めて比較検討しないと、誤った意思決定になる。

Business Scene1　コスト削減と合理的な意思決定

　鈴木部長は資料を手に社長室に向かっていた。会議には、鈴木部長のブレーンとして配置された経営企画室長も同席する。これまで営業ひと筋の鈴木部長には、業績改善PTリーダーに求められる知識も人脈もない。
　社長の特別な配慮で、社内序列では鈴木部長よりはるか上位の室長が"教育係"に任命されたのだ。
　業績改善PTの第1の課題は、主力製品「低価格インクジェットプリンタ」のテコ入れだ。キャロライン社の製品は性能のよさを誇り、かつては市場シェア60％を誇っていた。
　しかし低価格で攻勢をかけた新日本プリント社とのシェア争いでジリジリと後退、現在は40％で2位に甘んじている。社長はまず、この製品に関する業績改善策を出すよう、鈴木部長に命じていたのだった。

鈴木部長：この資料をご覧ください。これが「低価格プリンタ製造部門のテコ入れ策」です。2本の大きな柱のうち、メインは製造のアウトソーシング（外注化）によるコストダウンです。

経営企画室長：では、内容を確認しながら、意思決定をしていこうか。この場合の比較対象は、現状通り外注しないか、外注するかの2案だ。

外注先候補はタカハシヤ工業、うちの製造原価5,000円に比べ、1,000円安の4,000円で納品できます。製造原価2割削減ですから、これは比較するまでもないでしょう。では、次の柱ですが……。

いや、ちょっと待った。残念ながら、このアウトソーシングはコストダウンにならない。それどころかコストアップだ。

発言のポイント

①意思決定
　課題（コストダウン）を解決するために外注する、しない案のいずれかを選択している。

②コストダウン
　利益を確保するために、コスト（原価）を下げること。

えっ、なんですって？ 原価が下がっているのにコストアップって意味がわかりません。どういうことでしょうか？

この製造原価5,000円の内訳を見ないといけないんだ。内訳は、直接材料費が3,500円、直接労務費が800円、そして製造間接費が700円だ。この製造原価の中に外注しても減らないものがある。わかるか？

あ、そうか。製造間接費700円は、減価償却費などの製造事業部全体にかかる費用ですから、この製品だけを外注化しても減りませんね。すると外注費と合わせて4,700円になってしまうから、コストダウンの効果は300円だけ……。

それだけか？ この製品に関係する社員の給与は、仕事がなくても必要だ。解雇しない限り、直接労務費800円も減らない。つまり、直接労務費と製造間接費の計1,500円はそのままだから、外注費4,000円に加わり5,500円。コスト増だ。

社長

室長、あとで鈴木くんに製造原価がどういうものなのか、それより前に「意思決定」とはどういうものかを教えてやってほしい。

発言のポイント

① 製造原価

内訳は、直接材料費、直接労務費、製造間接費の3つ。

② 製造間接費

複数の製品にまたがってかかる費用。

③ 直接労務費

安く外注しても、もともとかかっていた直接労務費は解雇しない限り削減できない。

Business Scene1　コスト削減と合理的な意思決定

鈴木部長がやるべきこと

経済合理性にかんがみた意思決定

意思決定とは、複数ある案（代替案という）の中から最善のものを選択しようとする行為のこと。選択する際には、得か損かという**経済合理性**が求められる。

今後、鈴木部長は業績改善PTリーダーとして、意思決定を行なわねばならず、社長と室長は、鈴木部長にその訓練をしているのだった。

意思決定　154ページ

製造原価の計算

鈴木部長は、低価格インクジェットプリンタの製造原価を5,000円として計算した。しかし実際の製造原価の計算は、さまざまな費用の要素をひとまとめにしたものである。

今回のような意思決定のときには、要素を分解し、どの部分が変動するか、代替案ごとにチェックしないと、誤った判断をしてしまう。

製造原価　59ページ

安く外注しても、直接労務費や製造間接費が削減できないと意味がないのか……

2つの案の比較

①外注しない		②外注する	
直接材料費	3,500 円	直接材料費	0 円
直接労務費	800 円★	直接労務費	800 円★
直接経費	0 円	直接経費	4,000 円
製造間接費	700 円★	製造間接費	700 円★
合計	5,000 円	合計	5,500 円

　経営企画室長が言っていた、原価の内訳ごとの比較を行なっているのが上の図だ。製造のアウトソーシング（外注化）の場合、直接材料費と直接経費は増減するが、図の★印、直接労務費と製造間接費は変わらない。

　そのため、今回のアウトソーシング案では、コストは下がらないばかりか上がってしまうのだった。

意思決定に役立つ管理会計

　英語の《decision making》を訳した言葉が意思決定だ。決断するという意味なのだが、経営学で使われる場合は、「複数ある代替案の中から、経済合理性に照らして最善の解を選択しようとすること」という意味になる。またそういう問題を**意思決定問題**という。

　意思決定問題には、代替案の中から必ず１つだけを選ぶもの、当てはまるもののすべてを選べるものなど、タイプがある。

　意思決定の際は、あくまでも経済合理性を基準として判断されなければならない。しかし、考え方が正しくなかったり、計算を間違えたりして、往々にして誤った判断をしてしまうことがある。また不確実性（リスク）がある場合などは、経済合理性に照らして最善と考えられる選択をしても、最善の結果になるとは限らない。誤った選択をしないように役立つのが管理会計なのだ。

原価計算のしくみを理解する

製造の外注化によって原価低減ができると考えた鈴木部長だったが、社内データとして開示されている**製造原価**の成り立ちを理解していなかった。そこに落とし穴があった。

製造原価というのは、さまざまな要素を組み合わせ、単位数量ごとに値段として算出した「簡易的な指標」でしかない。だから、意思決定に製造原価を使う際は、いったん各要素に分解し、それぞれがどのように変動するかを個別に検討する必要がある。

原価を構成する要素には、①**材料費、②労務費、③経費**があり、それぞれを**直接費**と間接費に分けて考える。

直接費とは、製品との直接的な因果関係が把握できる費用で、間接費は、製品との直接的な因果関係が把握できない費用のこと。材料費、労務費、経費それぞれの間接費の合計を**製造間接費**と呼び、一括して管理することが多い。

固定費がありコスト削減にならず

製造の外注化によってコスト削減できなかったのは、「外注に切り替えても減らない費用」＝固定費があったからだ。まず、製品の製造に直接関係している従業員の給料である**直接労務費**だ。たとえ外注化しても、解雇しない限りはなくならない。製造間接費もなくならない。

たとえば、今回の意思決定、つまり外注化しない場合と、する場合を比較するとき、直接材料費や外注加工費のように、案によって変動する費用を**関連原価**と呼ぶ。一方、直接労務費や製造間接費のように、案が変わっても変動しない費用を**無関連原価**と呼ぶ。

計算の結果、外注化によって、かえってコスト増になることがわかり、この案は不採用となった。

Business Scene 2

値下げによるシェア奪回、評価指標とアクションプラン

　想定外の「コストダウンならず」で、鈴木部長は完全に意気消沈してしまった。なぜなら、2本柱のもう1本は、そのコストダウンを前提としたものだったからだ。しかしほかに用意した策もないため、しかたなく「値下げのインパクトを活用した販売拡大策」を説明し始めたのだった。

激わかる！ポイント　このストーリーで学ぶこと

- 値下げ案について2通りの代替案を比較・検討し、原価割れでも売ったほうがいいケースがあることを知る

- ビジョン実現のためには戦略が必要。戦略とは、行動させ、成果に結びつけるためのシナリオのこと。
- 戦略にもとづく行動に予算をつけ、計画通りにコストを消費させる。

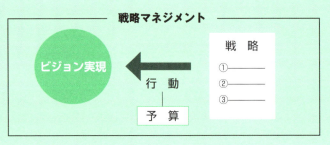

鈴木部長の「低価格プリンタ」テコ入れ策は、明解だった。製造原価が1,000円下がったら、現在の売価5,500円から600円値下げして、4,900円で販売しようというもの。1台当たりの粗利益は、これまでの500円から900円に80％アップ。そのメリットは大きいはずだ。

　しかも600円の値下げによって、新日本プリント社のアドバンテージは完全に消え、性能でも価格でもキャロライン社が優位。かつてもっていた60％の市場シェアはすぐに取り戻せる——。鈴木部長は、虚しい気持ちのまま説明を続けた。

　ところが、この案に社長も室長も関心を示し、次回までに実現可能性を高める案を考えてこいといわれた。

まず、私から質問をさせてください。前回、コストダウンできなかったので、原価は変わらず5,000円です。今回の策は、4,900円に値下げする案ですから原価割れです。それでもいいんですか？

製造原価がどういうものかはいったはずだ。便宜上のものにすぎないと。ところで、この値下げによる効果。シェアで40％から60％へ、販売台数で年間販40万台から60万台へ。できるのか？　製造の能力は？

少しずつ新日本プリント社にシェアを奪われて現在に至っており、もともとはうちが60％のシェアをもっていました。価格競争力があれば取り戻せます。製造のキャパも問題ありません。ということは、原価割れでもいいんですね……。

いいんだよ。粗利益が4,000万円増加する試算になるな。いいぞ、その調子だ。ただ、そう簡単な営業努力では難しいぞ。営業戦略の話に入ってくれ。

発言のポイント

○ **原価割れ**
　製造に5,000円かかるものを4,900円で売る。単純計算すると、1台売れるごとに100円の損失となる。

じつは去年、シェアアップ・プロジェクトが立ち上がっています。これまでは販売テクニックなど、研究会のような性格でしたが、リニューアルして60％を達成するためのパワーユニットにします。絶対やらせます！

相変わらずの「体育会系」の営業スタイルだな。学生時代にたしかアメフト部でランニングバックだったか？ しかし時代は変わった。それだけでは通用しないぞ。

新日本プリント社に勝ってシェア60％を達成するというビジョンが明確なのはいい。あとは「努力と根性」もいいが、それよりも戦略が大事だ。具体的には、評価指標とアクションプランさえしっかりすれば、プロジェクトは動く。

はい、とにかく行動量を増やします。顧客を訪問し、対面して熱意を伝えることです。したがって、営業部門の評価指標は訪問件数となります。ただ、行きやすいところばかりになっても困るんですよね。

それなら、訪問件数に移動時間も加味するポイントにすればいい。旅費交通費や出張経費など予算化して、しっかりコストを使わせる管理が有効だ。

発言のポイント

① 評価指標
プロジェクトを成功させるために従業員に対して周知する、評価の基準となること。

② アクションプラン
プロジェクトを成功させるための計画。具体的にどのような行動が必要なのかを提示する。

③ 予算化
予算計画を立てる際は、実行にあたってどの程度のコストが必要となるかを見積もらなければならない。

鈴木部長がやるべきこと

原価割れを恐れない

長年、営業畑で働いてきた鈴木部長にとって、**原価割れ**で販売することは「ルール違反」だった。ところが社長も室長も、まったく意に介していないのが意外だった。

値下げのインパクトで大幅に販売数量が伸びるという今回の計画の場合、実際に利益が増えるかどうかが比較ポイントであり、原価割れは関係がないのだ。

評価指標を明確にする

鈴木部長は、既存のPTをリニューアルし、「シェア60％再奪取」という新たなビジョンを掲げた。ビジョンの実現には、そのためのシナリオ、すなわち「戦略」が必要だ。

今回は、営業担当者が顧客を訪問する件数を**評価指標**とした。そして、直接対面し、熱意をこめて値下げの詳細を伝えることを重視する**アクションプラン**を定めた。

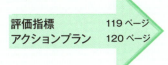

評価指標　　　119ページ
アクションプラン　120ページ

予算管理

戦略として、顧客への訪問数を評価基準にすることを決めた。室長は鈴木部長に管理会計の手法を使ってプロジェクトを推進することを教えた。

たとえば、移動に時間のかかる顧客を訪問すると高く評価されるよう基準を調節したり、訪問に必要な経費を予算化し、そのコストを管理することで進捗を把握したりすることなどだ。

「値下げの意思決定」の考え方

値下げをすると、需要が刺激され販売数が増える。その販売数を予測し、①値下げしない、すなわち5,000円で40万台販売する案と、②値下げする、すなわち、4,900円で60万台販売する案の2通りについて、比較検討して意思決定を行なう。

下図は、それぞれの案について、売上高、製造原価、利益を算出し、比較したものだ。製造原価のうち、直接労務費と製造間接費は、数量が変わっても変動しない固定費だ。一方、直接材料費は数量に連れて変わる変動費だ。

比較の結果、値下げする場合のほうが4,000万円(0.4億円)利益が大きくなった。社長、室長、鈴木部長の3人は、値下げによる販売増の実現性は高く、また増産体制にも問題ないと判断し、この値下げ案を選択することになったのだ。

売上高

① 値下げしない
5,500円×40万台＝22億円

② 値下げする
4,900円×60万台＝29.4億円

製造原価（★は固定費）

① 値下げしない	
直接材料費	3,500円×40万台＝14億円
直接労務費	★
製造間接費	★

② 値下げする	
直接材料費	3,500円×60万台＝21億円
直接労務費	★
製造間接費	★

利益

① 値下げしない	② 値下げする
22億円 − 14億円 = 8億円	29.4億円 − 21億円 = 8.4億円

ビジョンの共有がプロジェクトの成功確率を高める

チームとして動くとき、全員が目的を共有しているのが理想だ。数値化された達成目標があると、それがより具体的なビジョンとして提示され、強力なモチベーションになる。今回、鈴木部長の「気合い」から飛び出した「市場シェア60％奪回」というビジョンに、社長、室長が関心を示した。2人は、このビジョンこそみんなが心から実現したいと願っていることであり、それによって団結しやすくなると予測していた。

ビジョンを実現するための戦略にはいくつかポイントがある。成果を測定するものさしを決めること。成果との関連性が高い指標を定め、将来の行動量を増加させる具体的な計画（アクションプラン）の立案が望ましい。

予算でプロジェクトを管理する

アクションプランが決まったら、旅費交通費や接待交際費など、プロジェクトに必要な経費についてしっかりと予算措置を講じる。これは「行動を起こさない理由」を消すためだ。

たとえば顧客を訪問するという行動指標の場合でも、「コスト削減のために行かなかった」という言い訳は通用しない。予算化された経費が使われなければ、計画通りに行動が進んでいないということがわかる。

近年では、行動を促し、戦略を必ず実現させるためのツールとして、**バランスト・スコアカード**（122ページ）が活用されている。

バランスト・スコアカード	
測定尺度	目標値
●市場価値 ●旅客収益 ●航空機リース料	●年率30％増 ●年率20％増 ●年率5％減
●顧客の評価 ●旅客数 ●定時発着率 ●リピーター率	●No.1 ●年率12％増 ●No.1 ●70％
●地上作業時間 ●定刻の出発	●30分 ●90％
●地上作業員特殊制度 ●戦略の浸透度 ●戦略業務の実行体制 ●情報システム	●100％ ●100％ ●5年で100％ ●100％

Business Scene 3

価格や目標販売数の設定 損益分岐点の分析・活用

　値下げ攻勢が功を奏して、低価格インクジェットプリンタのシェアが55％になろうとしていたある日、鈴木部長は臨時でミーティングを招集。そこで、新製品「フルカラー3Dプリンタ」を国内工場で生産開始すること、そして、低価格インクジェットプリンタの外注化を"再提案"したのだった。

激わかる！ポイント　このストーリーで学ぶこと

- 限界利益によって固定費を回収していき、全額回収できた状態を「黒字化」という。

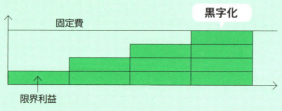

- 販売数量を横軸、金額を縦軸に取ったグラフで、売上高と費用がちょうど重なった点を損益分岐点という。

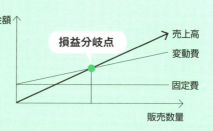

- 将来のキャッシュフローをできるだけ詳細に予測し、販売戦略を考える。

ちょうどいいタイミングで2つのニュースが舞いこんできた。まずはなんといっても全社の期待を集めて開発が進められていた新製品だ。「フルカラー3Dプリンタ」の量産開始は、キャロライン社にとって新機軸になる。
　3Dプリンタは、モデリングが必要な事業所だけでなく、個人デザイナーや、個人の趣味として所有している人も多い。これにキャロライン得意のインクジェット技術を融合させ、フルカラーの着色を施すという製品。鈴木部長はこれから販売戦略の意思決定をしなくてはいけないのだった。
　もうひとつの低価格インクジェットプリンタのアウトソーシングは、タカハシヤ工業から納入価格をさらに500円下げた再オファーがきたのだという。

うちの製造数量が急増して、今が勝負とタカハシヤ工業が値段を下げてきました。うちの工場は中国ですが、先方はベトナム。中国の人件費はかなり高くなったので、今後を考えてもこの製品は外注化すべきだと思います。

ということは、国内工場で新製品をつくるということか。今まで国内工場でつくっていた業務用のドットインパクトプリンタの製造ラインを、外注化で手が空く中国に持っていく……と。

はい、その通りです。そこで、ご教示願いたいことがありまして……。新製品「フルカラー3Dプリンタ」の値決めです。製造しながらかかる研究開発費や製造時に必要な固定費を合計すると約60億円かかり、月産1万台、そのときの変動費は1台当たり5万円です。

発言のポイント

① 製造数量の増加

　数量が増加したことにより、外注先が「1台当たりの値段を下げて製造できる」と提案をしてきた。

② 固定費と変動費

　従業員の労務費、製造しながらかかる研究開発費などは固定費、材料費などが変動費となる。

これは難問中の難問だな。考え方としては、まだ新しい技術で市場の将来像も不透明だから、できるだけ早く固定費を回収してしまいたい。1年で利益が出る商品にできるか……

ということは……どういうことでしょう。全然わかりません。

グラフを書いてみるのが一番わかりやすい。現実的には需要も、供給も変わってくるだろうが、まず月産1万台はすぐに売れるとする。固定費を回収したい6カ月で販売できるのは6万台。

売価をxとすると、$(x-5万円)×6万台=60億円$。これを解くと、$x=15万円$となる。逆にいうと、もし売価を15万円に決めたのなら、6カ月の販売数6万台（あるいは売上90億円）が「損益分岐点」になる。

6万台、90億円売れば黒字化するわけですね。市場は全世界ですから、十分いけますよ。6万台といわず、10万台、20万台……。

まあ、そう焦るな。はじめは売価を高く設定して、アーリーアダプターから初期投資を回収したり、たくさん売れるなら逆に値段を下げて、一気にブームを狙う手もある。いろいろ検討してみよう。

発言のポイント

①固定費の回収
一定額の固定費は、販売数量が増えていくと回収できる。

②売値の求め方
固定費と変動費から、損益分岐点を計算している。

③ 黒字化
固定費が回収し終わると、変動費分を除く売上がすべて利益となる。

鈴木部長がやるべきこと

限界利益を把握する

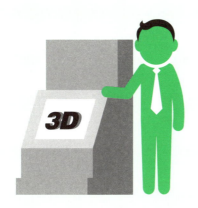

　一般に新製品を世に出すには、研究開発費などの莫大な費用が必要だ。キャロライン社のフルカラー3Dプリンタもまさにそうだ。

　売上高から変動費を差し引いたものを**限界利益**と呼ぶ。これは、各製品の限界利益が積み重なり、社内のさまざまな固定費を協力しあって回収していくというイメージだ。

限界利益　164ページ

損益分岐点を把握して黒字化を目指す

　右グラフのように、売上高と費用がちょうど重なった点を**損益分岐点**という。販売数量を変数とする場合と、売上高を変数とする場合がある。

　損益分岐点のしくみがわかれば、どれくらい売れば黒字化して利益が出るのかや、ある期間で黒字化するには、いくらで売ればいいかを計算で求めることができる。

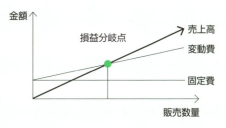

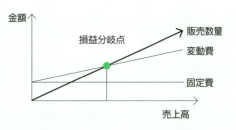

損益分岐点　126ページ

状況を勘案した売価の決定

新製品の売価は戦略的に変動させることがある。新しい技術が大好きな消費者層（アーリーアダプター）にとって、世の中に出たばかりの製品はプレミアムを支払ってでも欲しいもの。

キャロライン社は、そうした市場の動きを入念に調査しながら、また、お金の出入り（**キャッシュフロー**）を予測しながら、販売価格や値下げを決めていく。

→ キャッシュフロー 174ページ

限界利益がプラスなら固定費を回収

限界利益とは、「1単位（1個）増えたときに増える利益」のことで、次のように計算する。

> 限界利益＝売上高－変動費

この値がマイナスであれば、変動費すら回収できないことを意味する。つまり、売れば売るほど赤字のたれ流しになるということなので、すぐに販売をやめるべきだといえる。

逆に、限界利益の値がプラスであれば、それがたとえわずかであっても、変動費をまかなった上で、固定費の回収に役立っていることになる。売り続けていれば、いつかは黒字化することになるからだ。

ちなみに限界利益という言葉は、英語の《marginal profit》の訳語から来ている。

損益分岐点のグラフで固定費、変動費を理解する

　管理会計において、固定費と変動費を表わすグラフは非常に重要だ。縦軸に金額、横軸に売上高を取ったグラフでは、売上高の傾きは必ず1になる。費用の傾きは変動費を表わしている。これは1より小さくなくてはいけない。1より大きくなれば、売上高より変動費が大きい、つまり限界利益より安く売っていることを意味するからだ。

　売上高のグラフより傾きの小さい費用グラフは、いつか必ず交差する。この交点を損益分岐点と呼ぶ。変動費、固定費の合計である費用をすべて回収し、その先は売れば売るほど黒字となる。

　このグラフの成り立ちが理解できれば、売上高がいくらになれば（数量をいくつ売れば）黒字になるのか、あるいは黒字にするためにいくらの値段をつけたらいいのかなどを、考える材料になる。

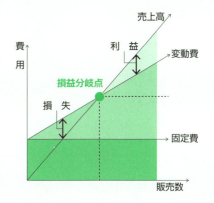

市場を分析し価格戦略を立てる

　新製品の販売価格は戦略的に決める。キャロライン社では、固定費の回収を何年にするかを中心に値段を決めていたが、そればかりとは限らない。

　価格の基本は需要と供給のバランス。そこで、新発売時は供給を少なくし、目新しさに加えて、流通量数も少なくし、希少性を高める戦略がある。それによりプレミアム価格に優越感を与えるのだ。とくに昨今では、アーリーアダプターがインターネットなどを通じて影響力を発揮するため、こうした戦略がより有効になっている。

　ひとしきりアーリーアダプターの需要がひと段落したころを見はからって、大幅な値下げをすれば、欲しいと思っていた人たちの購買動機となり、うまくいけばブームを起こすことができる。

　もちろん、はじめから安いというインパクトを打ち出し、スタートダッシュをかける戦略もあり、何が正しいかは一概にいえない。将来のキャッシュフローをできるだけ詳細に予測できるかどうかにかかっているのだ。

Business Scene 4
撤退のタイミングと限界利益の把握

　田中社長は悩んでいた。タナカヤ製作所は、プリンタの心臓部、プリンタヘッドを主力製品としている。営業担当者の報告によると、納入先メーカーから部品名 EE1 について、値下げの要求があったという。この製品は性能が高く、業界では異例のロングセラー。タナカヤ製作所の看板商品である。

激わかる！ポイント 》》》 このストーリーで学ぶこと

- 撤退の条件は、あらかじめ考えておかないと、判断を誤りやすい。
- 限界利益の値がマイナスの場合、事業を継続する経済合理性はない。

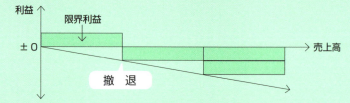

- 過去の投資を「もったいない」と考えるのは誤り。

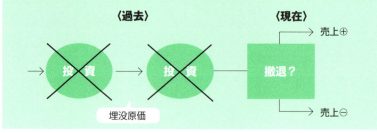

田中社長は社長室を出て、隣の会長室をノックした。実父である会長はパソコンでニュースサイトをチェックしていた。事業を承継してから、くだらない世間話はともかく、会社の重大なことはできるだけ相談せず、自分で意思決定を行なってきた。あるいは、自分で心を決めてから、確認のために意見を求めた。食い違うことはなかった。

　今度ばかりは、あらかじめ意見を聞くしかない。田中社長はそう決意して、この部屋に入ったのだった。

「納入先の新日本プリントからEE1を値下げしてほしいと要請がありました。10％下げてほしいとのことです」田中社長は、小さな声でそう告げた。会長は、パソコンから目を切り、息を吸いこみながら田中社長の目を見た。

会長

何か悩む要素でもあるのか？　オレには何も考える必要がないように思えるが。

田中社長

EE1は、長年にわたって当社の看板商品です。今では注文が新日本プリント社だけになりましたが、大量のオーダーが継続しています。新日本プリント社はとても重要な顧客ですし、パートナーとしての信頼関係も続いています。

いや、それはそうかもしれないが、10％の値引きはできない。特別というわけではなく、恒久的なものなのだろう？

はい。でも、去年EE1の製造ラインは老朽化対策をやったばかりで、減価償却も済んでいませんし、今ここでEE1の製造を止めてしまうのはもったいない……。

発言のポイント

① **値引きの判断**
　値引きをするかしないかの意思決定を検討している。

② **製造ラインの減価償却**
　機械の入れ換えなどによってかかった費用は、一度に計上するのではなく、年単位で少しずつ計上する。

ばかなこというなよ。止めようが止めまいが、払ったお金は戻ってこないんだ。かかった金より安く売って、何だそれは。慈善事業だって最近はちゃんと人件費くらい取るぞ。……おまえ、ひょっとして撤退は初めてか？

はい。ずっと大切にしてきた製品をあきらめなきゃならないなんて……。EE1は会長が必死の思いで開発し、育ててきた最高の部品じゃないですか。それに人も減らさないといけない。

お前はやさしすぎるなあ。人としてはいいけれど、経営者がそれじゃだめだ。いいか、人間だって、商品だって、会社だって、いつかは年老いて、いずれ死ぬんだ。いつそれが来てもいいように覚悟しておくんだ。

私がどうかしてました。限界利益がマイナスになっても継続するという選択肢なんてありません。EE1と決別します。事業譲渡も考えてみます。

そうだな。限界利益が確保できないなら、この事業からは撤退するしかない。

発言のポイント

① 事業の撤退

これまでの付き合いや、会社としての力の入れ具合だけで、値下げを判断してはならない。

② 限界利益がマイナス

限界利益がマイナスの場合は、製造すればするほど赤字が増えていくため、撤退をしなければならない。

田中社長がやるべきこと

撤退の条件を決める

　会長がいうように、この世界に永遠はない。もちろん老舗と呼ばれ、「永続性」を手に入れた企業もあるが、つねに時代に合わせて挑戦と撤退をくり返しているのだ。
　事業を開始するときから、撤退については「危険水域」と「避難水域」を決めておかないと、さまざまな情にほだされて、判断を誤ってしまうことがある。

埋没原価は考慮しない

　撤退する事業にそれまで支払ったお金はすべてムダになるが、それは撤退しなくても同じこと。なぜなら事業を継続していても、一切の費用は回収できず、赤字をたれ流すだけだからだ。
　つまり、撤退する、しないの意思決定をする以前にEE1の製造にかけた費用は、すべて**埋没原価**なのだ。

損か得かを考える

　限界利益の値がマイナスになってしまったら、事業を継続している意味はない。努力を重ねて、売れば売るほど損失が増えていくのだから。

　意思決定の原則は、経済合理性、つまり損か得かだ。その状態で事業を継続していて、役に立つことは何もない。好機を待つというのなら、何もしないでいればいいのだ。

絶対に撤退しなくてはいけないタイミング

　事業には、まだ撤退しなくてもいいタイミングと、絶対に撤退しなくてはいけないタイミングがある。25ページで説明した「原価割れ」を思い出してほしい。売上高＜製造原価（原価割れ）であっても、売上高＞変動費であれば、売ってもかまわない。

　確かに限界利益がプラスであれば、固定費の回収に少しでも役立っている。しかし、これは「あくまで売れないよりはマシ」というだけであって、もうそろそろ撤退が近いと、覚悟していてもいいだろう。

　そして、売上高＜限界利益になったら、絶対に撤退しなくてはいけないタイミングだ。これは家の中に水が浸水してヘソまで浸かっているようなもの。

　逃げ遅れてしまっては、助かるものまで助からなくなってしまう。あらかじめ撤退する条件を決めて、準備しておけばタイミングを逃すこともないだろう。

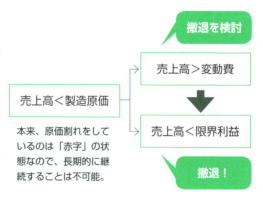

本来、原価割れをしているのは「赤字」の状態なので、長期的に継続することは不可能。

もったいなくない「埋没原価」

　撤退という行為を、意思決定として考えてみよう。第1の案は撤退しないで今までのまま、第2の案は撤退するだとしよう。

　たとえば、限界利益がマイナスになるとは思っていなかった先月、機械が故障して新品と入れ替えて大きな出費をしていたとする。

　そして今、限界利益がマイナスになり、撤退を余儀なくされてしまった。先月の出費がことのほか「もったいない」と感じられるかもしれない。しかしだからといって、撤退しないというのはあり得ない。

　その出費は、撤退しないとしても戻ってくるお金ではない。つまりこの場合の意思決定では考慮しない原価だ。このようなものを埋没原価と呼び、代替案同士を詳細に比較検討するときには、無視して考えなければならない。

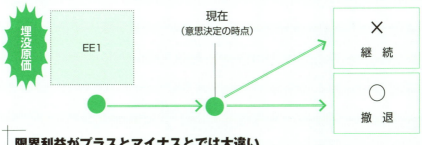

限界利益がプラスとマイナスとでは大違い

　このように、どうやってもかばいようがないのが「限界利益がマイナス」なのだが、それでも撤退できないというケースが後を絶たない。

　限界利益が分岐点であるという認識に欠けていたり、一度超えてしまっても、すぐに戻れると安易に考えてしまったり、あるいは何の根拠もなく、「まあ大丈夫だろう」で済ませてしまったり、まったく考えるのを止めて思考停止状態になったりと、そのタイプはさまざまだ。

　だが、存在しているだけで、刻一刻と赤字をたれ流す状態に入って、その後に復活できるというのは、「死んでから生き返る」に近いことだと思わなくてはいけない。

　すべての事業に終わりがあることを知って、わずかでも限界利益がプラスのときとは、まったく状況が変わってしまう。状況の変化につれて、撤退のときが近づいていることを意識しなくてはいけない。

Business Scene 5
利益確保のための合理的な意思決定

　EE1の製造ラインをストップさせて数日後、定例のコンサルタント訪問日になった。何か大きなビジョンに向かって指導を受けるという形ではなく、経営者として管理会計にどう取り組めばいいかを、少しずつ教えてもらうのが田中社長の目的だった。EE1撤退は、これまででもっとも大きな事件だった。

激わかる！ポイント　このストーリーで学ぶこと

- 変動費中心型のほうが固定費中心型に比べて安全余裕率が高くなる。

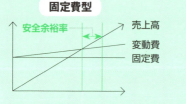
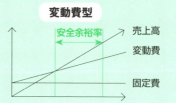

- 経営理念を実現するために管理会計がある。

- たとえば、雇用創出、人材育成に価値を置くなら、人件費前利益という考え方もある。

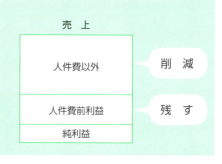

Business Scene5　利益確保のための合理的な意思決定

　帳票を見せながらの田中社長によるプレゼンテーションが終わり、コンサルタントの感想に耳を傾けた。
　その後、特別な話として、EE1の製造中止について、簡単に経緯を説明した。コンサルタントは意外に思った。もしかしたら近い将来に撤退せざるを得なくなるかもしれないという話は聞いたが、田中社長の言動からは、あまり危機感を感じなかったからだ。
　いつもは指導に同席して、ひと言も発せずに楽しそうに聞いている会長が、今日は少しイライラしているように見える。コンサルタントも少しイライラしていた。EE1撤退問題の核心部分、余剰人員についての言及が、田中社長の口からいつまでたっても出ないからだった。

コンサルタント

EE1の撤退ですか……。長年、利益に貢献した製品だけに残念でした。余剰になった人員の整理はどうされますか？

他部署で吸収します。現在のところ、助成金などの支援を受けながら、社内教育を受けさせています。

本当の失業より"社内失業"のほうが、給料もらえるだけマシと思ってるだろ。それは勘違いだ。早く失業保険をもらって、次の仕事に前向きに取り組んだほうが幸せになれるかもしれないじゃないか。

売上、利益が減少し、固定費がそのままでは、安全余裕率が急激に縮小しますから、ちょっとしたことで経営危機になりかねません。人員削減すべきだと思います。

そらみろ。ベストを尽くした結果、やむを得ず余剰人員が出てしまった。何も悪いことはしていないし、誰も悪くない。決断しろ。

発言のポイント

○**安全余裕率**
　損益分岐点に対する実際の売上高が、どの程度の余裕があるかを示す比率。

私は「従業員ファースト」の会社をつくっていくんです。縁あって同じ会社で働いている従業員さんにとって、ここが安全安心の場所になるようにしたいんです。

そうおっしゃるのなら、それが社長の経営思想ということになりますね。それであれば、管理会計も「従業員ファースト」にシフトすべきでしょう。何よりも従業員の給料を大切にする考え方です。

そもそも、給料は利益が出ないと払えない。そんなできもしないことというのは、偽善、自己満足だ。ほかの部門で余剰人員を受け入れることができるのか？　そうしなければ、会社がつぶれてしまうぞ。

私たちはもっと婉曲表現をするように務めていますが、あえてそれを取り払ったとしたら、会長のご意見そのものになるかもしれません。

つまり、余剰人員を受け入れて利益が出せないのであれば、リストラを決断しなければいけないということですね……。わかりました。

そうだ。やさしくて甘いばかりでは、大事な判断を誤るぞ。

発言のポイント

① 余剰人員

EE1事業から撤退した場合、その事業にかかわっていた従業員は余剰となり、何か手を打たなければならない。事業がなくなるので利益も出なくなってしまう。

②「従業員ファースト」の考え方

たとえば、人件費以外を削減して人件費分の粗利益を確保するという考え方もできなくはない。

Business Scene5　利益確保のための合理的な意思決定

田中社長がやるべきこと

安全余裕率を把握する

安全余裕率とは、損益分岐点をどれくらい余裕をもって超えているかを表わす指標だ。経営の安全度を示しているといってもいい。

安全余裕率を高くするには、売上高を増やすこと、固定費を減らすこと、変動費率を減らすことがある。変動費と固定費の比率でいえば、変動費中心型のほうが安全余裕率は高くなる。

安全余裕率　131ページ

経済合理性にもとづく意思決定

会長とコンサルタントに責められる形になっているが、田中社長も葛藤しているはずだ。従業員の一部を解雇したほうが経営の安定化がはかれるのはわかっている。

しかし、ともに働いてきた仲間を切り捨てることに躊躇しているのだ。ただ、これも意思決定問題である限り、経済合理性にしたがって選択しなくてはいけない。

意思決定　154ページ

合理的な意思決定を！

リストラを断行

　従業員を大切にしたいと思う田中社長の考え方が悪いというのではない。
　もしも、タナカヤ製作所が十分な利益を上げていて、余剰になった人員を他部門で受け入れる準備があったのなら問題はなかった。
　田中社長はこの経験をバネに、「従業員ファースト」という、自身の経営思想を実現できる会社を目指すべきなのだ。

固定費の削減で危機回避

　田中社長は、自身の理想として「従業員ファースト」を掲げている。一般に従業員を大切にする企業というのは、ほかの会社より給料が高いか、あるいは福利厚生が行き届いているなどして、ほかの会社より働きやすいというもの。北欧など欧州では、行政の力も借りながらそういう会社が増えている。
　しかし、日本の中小企業でそれをやろうというのは、強い意志と高い志なくしてできない。もちろん現実的な問題として、高い利益率なくして理想は実現できないのだ。
　企業としての損益分岐点を、どれくらいの余裕をもってクリアしているかを示すのが安全余裕率。固定費の上昇や、利益の減少は、余裕なき損益分岐点クリアの危機を呼びかねない。
　原則は、固定費をできるだけ減らすことが経営の危機回避につながる。

管理会計を経営思想実現に使う

日本では「会社は誰のもの？」という問いかけがよくなされる。今でこそ、資本主義の教科書にある「株主のもの」という答えが一般的だが、そうでない答えも多くある。たとえば、社長のもの、従業員のもの、お客様のもの……そこに経営思想が表われているといえる。

管理会計には、さまざまな業績評価手法がある。たとえば**バランスト・スコアカード**は、企業に関わる各利害関係者（ステークホルダー）それぞれの目から、バランスよくその会社が評価されるようにする取り組みだ。これには必ずしも決まったやり方があるわけではなく、経営者の思想に基づいて強弱をつけることが可能だ。

つまり、誰の目をとくに意識するかは経営思想しだいということになる。管理会計は、経営思想に寄り添うといわれることを示す一例だ。

管理会計で「従業員ファースト」を実現する

もしも本気で従業員ファーストをするのであれば、管理会計の力を借りればいい。税務会計で行なわれる富の分配は、株主と行政が優先されるようにできている。決まった集計方法に則ってやることになっているのだから仕方ない。

しかし、管理会計であれば、経営者の経営思想を実現するために会計を行なうことができるのだ。たとえば、利益の分配において従業員を最優先するという考え方だってあり得る。通常であれば従業員の人件費は「下げるべきコスト」として扱われている。

ただし、「従業員あってこその会社」という思想の下では、従業員により多くの給料を支払うことが目的になってもいい。そこで「人件費前利益」という集計項目をつくり、これが最大になるように運営するのだ。

現実にそういう会社がどれくらいあるかはわからないが、経営者の思想に管理会計を寄り添わせる例として紹介した。

Lesson 1

会計の知識なくして管理会計なし

管理会計を知るために最低限必要な、決算書の読み方と用語の知識を学んでおこう。

Lesson 1

決算書のおさらい
財務3表の読み方

Introduction ▶▶▶ 会社の業績を把握するために必要な3つの書類を理解する

企業活動を数字で表わす3つの財務諸表は「**財務3表**」と呼ばれています。この財務3表を理解しておけば、財務会計の全体像が見え、管理会計でも役立てられます。

管理会計の第一歩は財務3表の理解から

管理会計を活用するその前に、財務会計の中心を成す財務諸表の基本をおさらいしておきましょう。

一定期間の収益・費用を計算し、利益や損失を計算することを「決算」、その書類を「決算書」といいます。

じつは決算書とは通称で、法律で定められている正式名称が財務諸表なのです。

この中でもっとも重要なのが**損益計算書（P/L）、貸借対照表（B/S）、キャッシュフロー計算書（C/F）**の3つ。これらをまとめて「財務3表」といいます。

【財務3表】

損益計算書（P/L）
Profit and loss statement
一定期間における会社の経営の成績を示す書類

貸借対照表（B/S）
Balance sheet
ある時点における会社の資産、負債、純資産を示す書類

キャッシュフロー計算書（C/F）
Cash flow statement
一定期間における会社のキャッシュ（現金など）の増減を示した書類

激わかる！ポイント ≫ 決算書≒財務3表

● 一般的に決算書と呼ばれるのは、財務諸表のこと。このうち損益計算書、貸借対照表、キャッシュフロー計算書を財務3表という。

Lesson1 Introduction 決算書のおさらい

●財務3表

貸借対照表の「現金」の動きを詳細に示すのが**キャッシュフロー計算書**

貸借対照表
平成××年×月××日　（単位：千円）

①資産の部
Ⅰ流動資産
1. 現金預金　　××××
2. 受取手形　××××
3. 売掛金　××××
　計　××××　××××
貸倒引当金　××××　××××
4. 有価証券　　××××
5. 商品　　××××
6. 前払費用　　××××
　流動資産合計　　××××
Ⅱ固定資産
1. 有形固定資産
(1) 建物　　
　減価償却累計額　××××　××××
(2) 備品　××××
　減価償却累計額　××××　××××
(3) 土地　　××××
2. 無形固定資産
(1) ソフトウェア　　××××
(2) のれん　　××××
3. 投資その他の資産
(1) 投資有価証券　　××××
(2) 関係会社株式　　××××
(3) 長期貸付金　××××
　貸倒引当金　××××　
　　固定資産合計　　××××
資産合計　　××××

②負債の部
Ⅰ流動負債
1. 支払手形　　××××
2. 買掛金　　××××
3. 短期借入金　　××××
4. 前受収益　　××××
5. 未払法人税等　　××××
　流動負債合計　　××××
Ⅱ固定負債
1. 長期借入金　　××××
2. 退職給付引当金　　××××
　固定負債合計　　××××
　負債合計　　××××

③純資産の部
Ⅰ株主資本
1. 資本金　　××××
2. 資本剰余金
(1) 資本準備金　××××
(2) その他資本剰余金　××××　××××
3. 利益剰余金
(1) 利益準備金　××××
(2) 別途積立金　××××
(3) 繰越利益剰余金　××××　××××
　株主資本合計　　××××
Ⅱ評価・換算差額等
その他有価証券評価差額金　　××××
評価・換算差額等合計　　××××
　純資産合計　　××××
　純資産・負債合計　　××××

キャッシュフロー計算書
平成××年×月××日　（単位：千円）

Ⅰ営業活動によるキャッシュ・フロー
　営業収入　××××
　原材料または商品の仕入支出　××××
　人件費支出　××××
　その他の営業支出　××××
　　　　　　　　　　××××
　小計　　××××
　利息及び配当金の受取額　××××
　利息等の支払額　××××
　法人税等の支払額　××××
　営業活動によるキャッシュ・フロー　　××××
Ⅱ投資活動によるキャッシュ・フロー
　有価証券の取得による支出　××××
　有価証券の売却による収入　××××
　有形固定資産等の取得による支出　××××
　有形固定資産等の売却による収入　××××
　投資有価証券の取得による支出　××××
　投資有価証券の売却による収入　××××
　貸付による支出　××××
　貸付金の回収による収入　××××
　その他の固定資産等の増減額　××××
　投資活動によるキャッシュ・フロー　　××××
Ⅲ財務活動によるキャッシュ・フロー
　短期借入金の増減額　××××
　ファイナンス・リース債務等の返済による支出　××××
　長期借入金等の返済による支出　××××
　長期借入れ等による収入　××××
　資本金等の増減額　××××
　配当金の支払額　××××
　その他の固定負債等の増減額　××××
　財務活動によるキャッシュ・フロー　　××××
Ⅳ現金及び現金同等物に係る為替換算差額　　××××
Ⅴ現金及び現金同等物の増減額　　××××
Ⅵ現金及び現金同等物期首残高　　××××
Ⅶ資金範囲の変更に伴う調整額　　××××
Ⅷ現金及び現金同等物期末残高　　××××

損益計算書
平成××年×月××日　（単位：千円）

Ⅰ売上高　　××××
Ⅱ売上原価
1. 期首商品棚卸高　××××
2. 当期商品仕入高　××××
　合計　××××
3. 期末商品棚卸高　××××　××××
●売上総利益　　××××
Ⅲ販売費及び一般管理費
1. 給料　××××
2. 貸倒引当金繰入　××××
3. 減価償却費　××××
●営業利益　　××××
Ⅳ営業外収益
1. 受取利息　××××
2. 有価証券利息　××××　××××
Ⅴ営業外費用
1. 支払利息　××××
2. 有価証券評価損　××××　××××
●経常利益　　××××
Ⅵ特別利益
1. 固定資産売却益　　××××
Ⅶ特別損失
1. 火災損失　××××
　税引前当期純利益　××××
　法人税等　××××
●当期純利益　　××××

貸借対照表の「利益」を獲得する過程の詳細（なぜ増えたのか、減ったのか）を示すのが**損益計算書**

049

Lesson 1-1 損益計算書 (P/L)

財務3表①

▶▶▶ 一定期間における本業やそれ以外で
得た収益、かかった費用などを示す

会社の利益を計算する**損益計算書（Profit and loss statement、P/L）**を見れば、会社がどのような活動を行ない、いくら利益が出ているのかがひと目でわかります。

▶ 損益計算書（P/L）

損益計算書は、会社が事業を行なった結果、一定期間（四半期、半期、1年など）に、どれほどの「利益」を上げたのかを計算するものです。

利益は次のように計算します。

> 利益 = 収益 − 費用

収益とは、本業の営業活動から得た「売上高」と「営業外収益」の2つを指します。費用とは、収益を得るために費やされるモノやサービスの金額を示します。

> **！用語**
> 営業外収益／費用
> 受取配当金や受取利息などのこと。営業外費用は借入金の利息などを指す。

激わかる！ポイント　損益計算書は「会社の経営成績」

● 一定期間の会社の利益（損失）を表わす書類で、経営成績がわかる。利益とは、収益（売上高）から費用を引いたものを指す。

損益計算書の5つの利益

収益や費用には、性格によっていくつかの種類があります。そのため、損益計算書では、利益を5つの種類に分け、会社がどのような活動でどれだけの収益を上げて、どんな経費を使ったのかを区別し、くわしくわかるようになっています。

5つの利益とは、売上総利益、営業利益、経常利益、税引前当期純利益、当期純利益です。

5つの利益の関係

売上高
↑商品を販売した売上

− 売上原価
↑商品の製造費用、仕入費用

（売上高から売上原価を引く）
= ❶売上総利益

− 販売費及び一般管理費（販管費）
↑給与、広告宣伝費など営業活動にかかる経費

（❶から販管費を引く）
= ❷営業利益

+ 営業外収益
↑本業以外の活動で得た収益

− 営業外費用
↑本業以外の活動で使った費用

（❷に営業外収益を加え、営業外費用を引く）
= ❸経常利益

+ 特別利益
↑例外的で臨時に発生した収益と費用がプラスの項目

− 特別損失
↑例外的で臨時に発生した収益と費用がマイナスの項目

（❸に特別利益を加え、特別損失を引く）
= ❹税引前当期純利益

− 税金（法人税など）

（❹から税金を引く）
= ❺当期純利益

▶ 5つの利益の内訳

①売上総利益

売上総利益は、売上高から売上原価を引いたものです。売上原価とは、商品をつくったり、仕入れたりした費用を示します。

> 売上総利益
>   ＝営業収益（売上高）－売上原価

②営業利益

営業利益は、売上総利益から販売費及び一般管理費を引いたもので、本来の営業活動から生み出された「本業の利益」となります。

会社は借入金の利息の支払いや調達した資金の運用もしています。このような財務活動による損益は、本業の利益と区別する必要があります。

> 営業利益
>   ＝売上総利益－販売費及び一般管理費

③経常利益

経常利益は営業利益に営業外収益を足し、営業外費用を差し引いたもので、営業活動と財務活動によって得られる利益を示しています。

> 経常利益
>   ＝営業利益＋営業外収益－営業外費用

! 用語

販売費

商品を販売するために使った販売促進や広告などの経費。販売費と一般管理費と分けて計上する会社もあれば、販売費に一般管理費を含めて計上する会社もある。

! 用語

一般管理費

総務や人事、経理など管理業務で発生した費用のこと。給与や役員報酬、交通費、通信費、事務用消耗品費などがある。販売費と合わせて「販管費」と呼ぶ。

④税引前当期純利益

税引前当期純利益は、経常利益に特別利益を足し、特別損失を差し引いたものです。税金を支払う前の利益を示します。特別利益はその期だけに臨時的に発生した利益、特別損失は特別に発生した損失です。

> 税引前当期純利益
>   ＝経常利益＋特別利益－特別損失

> **！用語**
>
> **特別利益**
>
> 経常的に得られる利益と臨時の利益を区別するために設けている。不動産売却による利益や株式の売却利益などが該当する。前期までの損益を上方修正する場合も特別利益となる。

⑤当期純利益

当期純利益は、税引前当期純利益から法人税などの税金を引いたもので、損益計算書に書かれた会計期間に得た最終的な利益となります。

> 当期純利益
>   ＝税引前当期純利益－税金（法人税、事業税など）

重要！
売上総利益
＝営業収益 - 売上原価

Lesson 1-2 貸借対照表 (B/S)

財務3表②

▶▶▶ある時点における会社の資産や負債など、「財政状況」を示す

　一般的な会社は出資者や銀行から資金を集めて、工場や店を建てたり、原材料を買い入れたりしています。その会社はどんな資金を調達し、それをどのように使ったかなどの財政状況を表わすのが**貸借対照表（B/S）**です。

▶ 財務状況を示すバランスシート

　会社は自己資金や借入などの方法で集めた資金を事業に投資し、利益を上げます。貸借対照表は、資金の集め方とその使い道を示す一覧表です。

！補足ポイント

「バランス」の意味

右側に位置する負債と純資産の合計と、左側にある資産の合計は一致する。このことから、貸借対照表はバランスシートと呼ばれる。

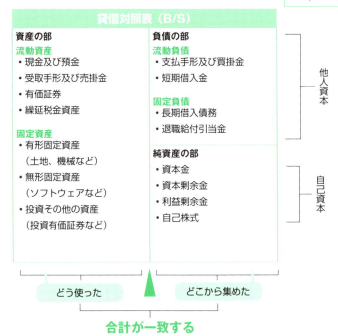

貸借対照表は、「**負債**」「**純資産**」「**資産**」の3つのグループ（部）で構成されます。

まず、表の右側から見ていきましょう。負債の部と純資産の部は、資金をどこから集めてきたかの違いで区分したものです。

返済する必要のない資金は、株主から集めた資本金のほかに、自社で稼ぎ出した利益である「利益剰余金」などになります。

負債の部は借金の返済期間の長さにより、**流動負債**と**固定負債**に分類されます。流動負債は1年以内に返済期限がくる負債で、買掛金、短期借入金、未払金などがあります。

> **! 用語**
> **未払金**
> 会社本来の活動によって生じた費用以外のもので、支払が終わっていないものを指す。水道光熱費、交際費、交通費、固定資産や有価証券の購入に際して発生した債務などが該当する。

▶ 流動資産と固定資産の違い

次に、表の左側にある資産の部を見てみましょう。これを見てわかるのは、使った資金の中身です。

資産は現金・預金になりやすいかどうかの違いで**流動資産**と**固定資産**に分類されます。

流動資産は、名前のように動きが活発な資産で、現金や預金のほか、1年以内に現金化できる可能性の高いものです。おもなものに、売掛金や受取手形、有価証券などの当座資産、製品にするための材料や商品などの棚卸資産があります。

固定資産は、事業に利用して、売上高や利益に貢献するために所有する資産です。1年以内に資金にはならないので、固定という表現になっています。

> **! 用語**
> **棚卸資産**
> 販売を行なうために一時的に保有している資産。一般に「在庫」と呼んでいる。商品や製品、半製品、原材料、消耗品などがこれに当たる。

> **! 補足ポイント**
> **損益計算書と貸借対照表のつながり**
> 損益計算書で計算された当期純利益は株主のものとなり、そこから配当金・役員賞与を差し引いた額が利益剰余金となる。貸借対照表の純資産の部に加えられる。

激わかる！ポイント　　負債と純資産は「資本」

● 負債とは銀行からの借入金のように、いずれ返済しなければならない資金のこと。純資産とは返済する必要のない資金のことをいう。

Lesson 1-3 キャッシュフロー計算書 (C/F)

財務3表③

▶▶▶現在の資金（キャッシュフロー）の動きを示す

損益計算書と貸借対照表には現金の出入りを表わす項目がないので、一定期間における「現金や預金などの動き」がわかりません。これらに着目して資金の増減をまとめたのが、**キャッシュフロー計算書（C/F）** です。

▶ 資金の動きを示すキャッシュフロー計算書

会計上の利益と実際の資金（キャッシュフロー）の動きにはズレが生じることがあります。

そこで、現金などの動きがわかるキャッシュフロー計算書が考えだされたのです。

実例

「当期の損益計算書や貸借対照表ではきちんと利益が出ているのに、来月、代金を支払う現金が足りない」というケースは、実際に起こりえます。損益計算書に記された当期純利益と、貸借対照表に記された利益剰余金は「現在手元にある現金」ではないからです。

たとえば売上高の記帳は、会計のルールでは、入金を確認したときではなく商品を出荷したときに行なわれます。

キャッシュフロー計算書

Ⅰ 営業活動による
　キャッシュフロー
　　税金等調整前当期純利益
　　　︙
　営業活動による
　キャッシュフロー ─┐
Ⅱ 投資活動による　　│
　キャッシュフロー　│
　　有価証券の取得による支出
　　　︙
　投資活動による　　│
　キャッシュフロー ─┤
Ⅲ 財務活動による　　│
　キャッシュフロー　│
　　短期借入れによる収入
　　　︙
　財務活動による　　│
　キャッシュフロー ─┤
Ⅳ 現金及び現金同等物の ←
　　増減額
Ⅴ 現金及び現金同等物の
　　期首残高
Ⅵ 現金及び現金同等物の
　　期末残高

▶ 3つのキャッシュフロー

キャッシュフローとは、収入と支出のことで、「収支」とも呼ばれています。

そして、キャッシュフロー計算書は、上から営業キャッシュフロー、投資キャッシュフロー、財務キャッシュフローに分かれており、それぞれの欄ごとに現金の収支が記載されます。

●営業キャッシュフロー
営業活動による収支を表わしたものです。営業収入のほか、商品の仕入や人件費の支出など、現金の流れがわかります。

●投資キャッシュフロー
投資活動による収支を表わします。具体的には、工場建設や設備導入などの設備投資、子会社への投資などにかかる現金の動きがわかります。

●財務キャッシュフロー
資金の借入や返済、社債発行による資金調達、増資による資金の増加など、財務活動による収支が記されます。

3つのキャッシュフローは、儲けの3つのステップに沿っています。右の図の下から、財務キャッシュフローは「資金を集める」ステップ、投資キャッシュフローは「その資金を何かに投資する」ステップ、営業キャッシュフローは「利益を上げる」ステップです。

Lesson 1-4 売上高と売上原価

最低限押さえておくべき会計用語①

▶▶▶商品・製品の販売代金など、本業の営業活動から得た収益を示す

決算書には、会計や税務の世界だけで使われる専門用語が多く登場します。ここでは、わかっているようで、深く理解できていないかもしれない会計用語を説明します。もっとも重要な**売上高**と**売上原価**から始めましょう。

▶ 売上高からわかる会社の規模と信用力

決算書に目を通すとき、ほとんどの人は最初に損益計算書の一番上に記された「売上高」を確認します。その理由は、売上高を見れば会社の規模や信用力がわかるからです。

会計で使う売上高の定義は、本業の営業活動から得た収益（営業収益）のことです。つまり、商品や製品、サービスの販売代金を指します。

▶ 現金主義と実現主義

では、経理担当者が売上高を計上するタイミングを見てみましょう。

現金商売をしている商店では、商品やサービスと引き換えに支払いがあった時点で売上に計上します。これを**現金主義**といいます。

一方、一般企業の場合、**実現主義**と呼ばれる原則が用いられています。実現主義とは、「売上計上の時期は、取引が実現した時点」という考え方です。

> **！補足ポイント**
> **売上を計上するタイミング**
> 注文を受けたとき、出荷したとき、納品したとき、代金を請求したとき、支払いがあったときなど、どの時点で売上を計上するかという会計基準（売上の計上基準）は、業種や事業の運営方法によって異なる。

ただし実現主義を採用する計上基準にも、いくつかの種類（出荷基準、納入基準、検収基準など）があります。ここで大切なのは、どの基準を採用していても、売上高を計上するのは得意先から支払いが行なわれた時点ではないということです。

▶ 業種によって異なる売上原価の定義

損益計算書の説明で、「売上原価は商品をつくったり、仕入れたりした費用」と説明しましたが、厳密には商品と製品は区別してとらえる必要があります。売上原価の定義が異なるからです。

商品とは、他社から仕入れた品物、製品は自社が材料を仕入れて製造したり、加工したりした品物を指します。

商品の原価は他社からの仕入代金となり、これを**仕入原価**と呼んでいます。したがって小売業や卸会社、商社が扱うのは商品で、これらの会社の売上原価といえば仕入原価のことを指します。

一方、製造業における製造のコストは材料の仕入代金と製造にかかった費用の合計となり、製品を完成させるまでの工場でかかった費用（原料・材料＋労務費＋経費）を**製造原価**と呼んでいます。ただし、製造業では、製品の製造原価がそのまま売上原価となるわけではありません。

> **! 用語**
> **仕入原価**
> 小売業や卸会社、商社の会計で用いられる用語で、完成した商品を仕入れて販売するときの原価のこと。商品の値段に運搬や手数料などの経費を合わせたものになる。

> **! 用語**
> **製造原価**
> 製造業の会計で用いられる用語で、製品の製造にかかった費用を指す。原料・材料費、労務、経費などが含まれる。

激わかる！ポイント　出荷分と未出荷分の扱い

- 製造業の損益計算書に記載される売上原価は、工場や倉庫から得意先へ出荷された製品の数量分の製造原価を指す。そして、未出荷製品の数量は「棚卸資産」として貸借対照表に記載される。

Lesson 1-5 「人件費」はどこにある?

最低限押さえておくべき会計用語②

▶▶▶会計用語ではない「人件費」を損益計算書で見つける方法

損益計算書には、「人件費」という科目はありません。売上原価のなかの**労務費**や販売費及び一般管理費の中の**外注費**などとして記載されています。

▶ 製造業では売上原価に労務費が含まれる

58ページの売上原価の項目で、製造業の場合、「製品を完成させるまでの工場でかかった費用（原料・材料＋労務費＋経費）を製造原価という」と説明しました。

つまり売上原価（製造原価）に労務費が含まれています。じつは会計の世界では、人件費をその目的に応じて、区別しているのです。

▶ 労務費の区分

国が定めている、製造業における原価計算基準では、労務費はさらに製造・生産にどれだけかかわった労務費なのかによっても区分されます。

特定の製品に費やしたことが明らかな人件費は「直接労務費」、区分けが難しいものは「間接労務費」と呼びます。くわしくは、原価の項目で説明します。

! 補足ポイント

労務費
製品の生産のために使われた人件費のこと。賃金、賞与、福利厚生費、退職金、パートやアルバイトへの給与などが該当する。

! 補足ポイント

労務費を区別する理由
製造業界で製造に携わる人とそうではない人の労務費を区別している理由は、製造原価をより正確に計算するため。また、株主や取引銀行に公開する決算書には、正しい製造原価を記さなければならない。

会計上の人件費の区分け

製造・生産のために使われた人件費	→	**労務費** 製造原価の一部として計上
製造以外の業務に携わる人の人件費、役員報酬	→	販売費及び一般管理費の一部として計上
部品の製造、組立などの業務を外部へ委託した場合	→	**外注費** 製造原価の一部として計上
製造・生産に携わる派遣社員の給料	→	**外注費** 製造原価の一部として計上
製造に携わらない派遣社員の給料	→	販売費及び一般管理費の一部として計上

▶ 外注費や販管費として計上する派遣社員の給与

製造部門以外の営業や事務に携わる社員の人件費と役員報酬は、損益計算書の「販売費及び一般管理費（販管費）」に含まれます。

一方、部品の製造、組立などの業務を外部へ委託した場合は労務費ではなく外注費となります。外注費も製造原価に含まれます。

また、人材派遣会社と契約し、その会社から派遣された人（派遣社員）に、製造や生産を担ってもらったり、IT関連の部署でシステムエンジニアやプログラマーとして働いてもらったりするケースの人件費も同様です。

派遣社員の給与は、派遣先の会社からではなく派遣会社から支払われます。製造業ではこの費用を外注費として扱い、製造原価に組みこみます。製造業以外では、販管費の科目に組みこまれます。

> **！ 補足ポイント**
> **契約社員に支払う費用はサービス料金**
> 派遣社員を受け入れている会社からすれば、契約社員に支払う費用の名目は「給料」ではなく、人材を派遣してもらった会社に支払う「サービス料金」となる。

激わかる！ポイント　販売費及び一般管理費

● 事業活動の本業収入を得るために使う費用のことで、商品・製品を販売するために直接かかる費用（販売費）と会社全般の業務の管理活動にかかる費用（一般管理費）を合わせたものになる。

Lesson 1-6 資産、純資産、株主資本

最低限押さえておくべき会計用語③

▶▶▶会社のお金は目的や集めた先の違いによって呼び名が変わる

貸借対照表では、会社が所有する財産を**資産**、そこから負債を引いたものを**純資産**、そのうち株主から集めたお金を**株主資本**と定義づけています。どのような違いがあるのかをくわしく説明しましょう。

まぎらわしい資産と純資産

会計上の資産とは、会社が所有する財産のことです。現金・預金や有価証券、売掛金、受取手形、商品、設備、土地などが該当します。

これらは事業を行なった結果、会社が有することになった財産の「現在（決算時）の金額」として、貸借対照表に記されます。

資産から負債を引いたものが、会社の正味財産である純資産です。純資産は資産を増やす元手と、増やした儲けの蓄積を表わしています。

> **補足ポイント**
> 貸借対照表に記載される語
> **資　産**……会社が所有する財産
> **純資産**……資産と負債の差額
> **株主資本**…株主がもつ純資産

$$純資産 = 資産 - 負債$$

株主資本は純資産を構成する項目の１つで、会社の所有者である株主がもつ純資産のことです。

> **用語**
> **受取手形**
> 取引先から受け取った約束手形のこと。約束手形は、手形を振り出した会社が受け取った会社に対して指定した期日に、手形に記載された代金を支払う約束をしたもの。満期日になってはじめて現金を受け取ることができる。

純資産と株主資本の関係

貸借対照表

	負債
資産	純資産

➡

純資産の内訳

株主資本	資本金
	資本剰余金
	利益剰余金
	自己株式
その他の包括利益累計額	その他有価証券評価差額金
	繰延ヘッジ損益
	為替換算調整勘定
	退職給付に係る調整累計額
新株予約権	
非支配株主持分	

▶ **株主資本の4つの分類**

株主のお金を意味する株主資本は、さらに**資本金**、**資本剰余金**、**利益剰余金**、**自己株式**の4つに分類できます。

●**剰余金**
会社の安定や成長、株主に対する配当などのために設けられるもの。剰余金には、資本剰余金と利益剰余金があり、資本金、自己株式とともに株主資本を構成しています。

●**資本剰余金**
株主から集めた資本金に対し、株主の出資分のうち資本金にしなかった分を指します。

●**利益剰余金**
配当として外部に出なかったお金のうち、社内に留保している額をいいます。

●**自己株式**
自社が所有する(自社の)株式を指します。

> ❗ **補足ポイント**
>
> **利益剰余金は「内部留保」**
>
> 会社が得た利益は株主配当として株主に還元するが、利益のすべてを配当に回すわけではない。
> 一般的に内部留保とは利益剰余金のことを指す。

Lesson 1-7 売掛金・買掛金、棚卸資産

最低限押さえておくべき会計用語④

▶▶▶未払金と未収入金の区別は重要。
また「棚卸資産＝製品在庫」とは限らない

貸借対照表の**売掛金**と**買掛金**は、売上代金の未収金と、仕入代金の未払金を指します。どちらも売上高や売上原価と深く関わる項目です。**棚卸資産**は、まだ販売されていない製品・商品などの在庫を指します。

▶ 売掛金はプラス、買掛金はマイナス

貸借対照表に記される「売掛金」と「買掛金」は誤って覚えがちなので注意しましょう。

日本の企業は、代金を受け取ったときでなく、取引が実現した時点で売上を計上する実現主義を採用しています。

そのため、納品や出荷は終わっていても代金を受け取っていない期間が発生します。

売掛金と買掛金の違い

売掛金	営業収益の未収金 ➡あとで代金を支払ってもらえる権利	買掛金	取引で発生した未払金 ➡あとで代金を支払う義務

売掛金と受取手形を合わせて**売上債権**という

買掛金と支払手形を合わせて**仕入債務**という

売上金の帳簿上の未収金を「売掛金」といいます。売掛金は代金を受け取ると帳簿上から消え、その分だけ預金や現金が増えます。

実現主義を採用している限り、商品は出荷や納品した時点で売上として計上され、会計上の利益となります。売上債権をキャッシュフロー計算書に反映する際には、損益計算書の売上高から売上債権の当期増加分を差し引いて調整しなければいけません。

反対に、自社が本業に関わる商品を仕入れた際、代金を支払うまでの間は、仕入先に対して負債（借金）が発生します。これが「買掛金」です。

> **! 補足ポイント**
> **買掛金の有無からわかること**
> 買掛金があることは、仕入先から信用を得ていることを意味するが、会計上は将来において資産が減ることを表わしている。

▶ 取得原価と数量で計算する棚卸資産

貸借対照表にある用語の中で、もっともわかりにくいのは「棚卸資産」かもしれません。

たとえば、製造業の場合、まだ出荷していない製品は工場や倉庫に保管されているはずです。

棚卸資産とは、まだ出荷していない製品や商品、原材料や仕掛品（未完成品）のことです。つまり、完成品の在庫だけではありません。

また、不動産を販売している会社では、販売用の土地や建物も棚卸資産となります。

激わかる！ポイント　売掛と買掛の概念

- 売掛とは、製品を売ったが、まだお金をもらっていない状態。
- 買掛とは、製品を買ったが、まだお金を払っていない状態。

Lesson 1-8 減価償却費

最低限押さえておくべき会計用語⑤

▶▶▶土地や機械など会社が購入した
　　固定資産は分割して費用計上する

損益計算書に記される**減価償却費**は、機械や不動産などの固定資産の購入額を分割して計上した費用のことです。

減価償却のルール

どんな会社でも、長く使い続けると価値が減っていく固定資産をもっています。自社ビル、自動車、エアコン、パソコンなどがそうです。

たとえば数億円もするような高額な機械を購入した場合、購入年の決算で全額を費用として計上すると大きな赤字が出る可能性があります。

しかし機械は、その後何年にもわたって使っていく資産です。そして、同時にその価値もどんどん下がっていきます。

会計では、固定資産の価値が減少する分を使用可能な年数（**耐用年数**）に応じて、毎年費用として計上できるというルールを設けています。これが**減価償却**という考え方です。

耐用年数は、たとえば自動車とパソコンは4年といったように税法上で一律に決まっています。

固定資産の購入額を耐用年数に応じて分割にした費用を「減価償却費」といいます。

減価償却費は、会社が所有している資産の一部として損益計算書に計上されます。その額が間違っていれば会社の資産合計も正しくない数字に

> **❗用語**
> **耐用年数**
> 固定資産について予測される使用可能な年数のこと。税法では、固定資産の種類別に法定耐用年数を定めている。

> **❗用語**
> **減価償却費**
> 固定資産の取得にかかった費用を、法律で定められた耐用年数に従って分割した際の減価償却の費用のこと。毎年の費用として決算書に記される。

なってしまうため、おろそかにできません。

減価償却費は、損益計算書では販売費及び一般管理費の費用の1つとして計上されます。

ただし、製造業の場合、工場や機械など製造に関わる減価償却費は売上原価に組みこまれるので、決算書を読む際には注意が必要です。

なお、減価償却費の算出方法は複数あります。

> **補足ポイント**
> 減価償却の計算のルール
> 財務省は、建物などは定額法、機械などは定率法を採用するように指導している。

激わかる！ポイント　定額法と定率法

● 減価償却費のおもな計算方法は2つ。毎年計上する費用を同額にするのが定額法、同率にするのが定率法です。

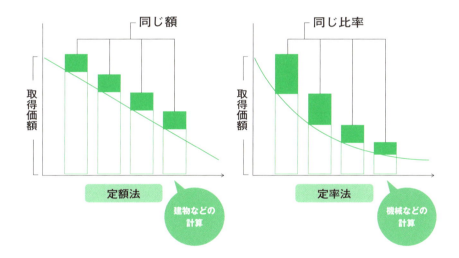

〈定額法の計算〉
減価償却費＝取得価額×定額法の償却率

〈定率法の計算〉
減価償却費＝期首未償却残高×定率法の償却率

> **補足ポイント**
> グラフの見え方の違い
> 定額法のグラフは一定「額」なので直線的になる。定率法のグラフは一定「比率」なので曲線的になる。

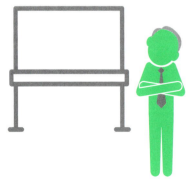

Lesson 2

原価を知り、管理する

財務会計と管理会計の違いを理解した上で、
まずは標準原価管理の手法を身につけよう。

Lesson 2 財務会計と管理会計の違い

過去の会計と未来の会計

Introduction ▶▶▶ 過去の実績を示すのが財務会計。
将来のために使うのが管理会計

企業の会計は、**財務会計**と、**管理会計**に分けることができます。では、この2つの会計はどういう目的でつくられ、どこがどう違うのか、くわしく説明していきましょう。

▶ 目的・用途が異なる2つの会計

あなたが1つの部門やチームの予算に一定の責任をもつ管理職であれば、必ず経営者から、その部門やプロジェクトの収支報告と収支予測の提出を求められるでしょう。

実例 新規事業や新店舗の企画を任されたとき、人件費や原価、収益予測などのレポートを提出するよう指示されるはずです。そして、大きな利益を生み出す方法を頭が痛くなるまで考えるのではないでしょうか。こういった局面に立たされたときに役立つのが「管理会計」の考え方と知識です。

企業を対象とした会計は、財務会計(制度会計)と管理会計に分けることができます。2つの会計の大きな違いは、まず、その目的にあります。

株式会社の場合、出資する人(株主)と経営する人は別です。経営者は株主から経営を任されているため、会社の業績を株主に報告する義務があ

> ! **補足ポイント**
>
> 株主以外への業績報告
>
> 監査法人や公認会計士、借入先の銀行などにも、会社の正しい業績を定期的に報告しなければならない。

ります。

この報告に用いられるのが財務会計です。

つまり、自社の経営状況を財務諸表などで正確に報告する目的で使われるのが財務会計です。

一方、管理会計の目的は、経営者や管理職など、経営の責任を担う社内の人に向けて、経営計画や設備投資に関する経営面での判断など、さまざまな意思決定に役立つ情報を提供することです。

そのために必要となるのが、管理会計の知識といえます。

財務会計と管理会計の大きな違い

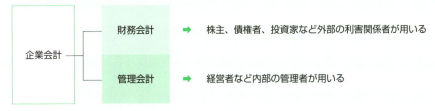

財務会計は過去、管理会計は未来

経営者やリーダーは経営に関わる重要な判断を下します。管理会計は、そのために必要な情報・知識といえます。

実例

海外への工場移転や海外からの工場撤退を検討している経営者がいたとしましょう。この検討には何が必要でしょうか？

それは経営判断の材料となる情報です。具体的には、「海外移転した場合、投資した資金を何年で回収できるのか、現地での仕入原価や従業員の給料はいくらくらいが妥当か」といった情報でしょう。あるいは、「撤退した場合の費用や損害、メリットとデメリット」といった情報ではないでしょうか。

071

2つの会計の違いは、ほかにもあります。それは、財務会計が過去や現在の業績を数値化・データ化するのに対し、管理会計は短期や長期の収支計画のために数値化・データ化をします。

　経営者や管理職は、財務会計によってもたらされる情報によって現状を把握したうえで、管理会計によってもたらされる情報で新規プロジェクトの立ち上げを決定したり、事業のてこ入れ、あるいは事業廃止を指示したりするのです。

　管理会計の情報により、「これを実施（廃止）すれば、この部門や商品、地域などの業績はいずれこうなる」といったように、経営者は未来の業績の予測を立てることができます。

　ですから、管理会計は、まだ見ぬ未来の業績を「見える化」する方法ともいえるでしょう。

> !補足ポイント
> **将来の計画で活用される管理会計**
> 財務会計では、「昨年度」や「本年度」といったように、過去と現在の経営の成果が明らかになる計算。管理会計では、1カ月後、1年後など将来の計画に活用される計算をする。

実例
「A社の近年の業績はどうなっているのか？　現在は黒字なのか、赤字なのか？　儲かっているのならどれくらいの利益が出ているのか？」といった疑問は、財務3表を読めばわかります。しかし、来年度に開始を計画している新規事業の1年後、5年後、10年後の業績予測は読み取ることはできません。

▶ 会計制度に従う財務会計、制限のない管理会計

　財務会計は、すべての法人企業に適用される会社法や商法、法人税法などの法律などに規制されています。そのため、財務3表や決算書は一定のルールに従って作成されます。

一方、管理会計はあくまで会社内部で活用するものなので、これを規制する法律はなく、厳格なルールもありません。業種業態や経営者の考え方に応じて、自由な形式の管理会計が必要になるというわけです。

　ただし経営者の意思決定の参考にしてもらうためには、財務会計では伝えられない詳細な情報を盛り込み、分析を加える必要があります。

　そのためにも、部門やプロジェクトのリーダーには、管理会計の思考が必要なのです。さらに、管理会計の知識を実際にどのような場合に使うのかしっかり理解しておかなければいけません。

> **補足ポイント**
>
> **財務会計のルール**
>
> 財務諸表や決算書の作成にあたっては、国際財務報告基準（IFRS）に代表される決算書作成基準など、すでに完成している国内外の会計制度に従わなくてはいけないことから、財務会計は「制度会計」とも呼ばれる。

激わかる！ポイント　財務会計と管理会計の違い

	財務会計	管理会計
おもに活用する人	株主、投資家、役員など	経営者、管理職者など
作成のルール	国内外の会計制度に準じる	厳格なルールや制限はない
わかる内容と範囲	過去の経営の結果や営業の成果	●特別のプロジェクトの収支の予測 ●組織別・地域別など個別案件の収支の予測
いつの情報	過去の情報	未来に向けた情報
メリット	過去、現在の会社の業績を把握できる	将来の損益予測などに活用できる
手法	財務諸表 ●貸借対照表 ●損益計算書 ●キャッシュフロー計算書 など	●原価計算（製品別、部門別など） 　→ Lesson2 へ ●損益分岐点分析 ●予算管理 　→ Lesson3 へ

Lesson 2-1 管理会計の「原価」とは

原価とその分類①

▶▶▶かかった費用から「原価でないもの」を引いたものが総原価

財務会計における原価とは、「製品を製造するためにかかる費用、あるいは商品を仕入れるためにかかる費用」のこと。では、管理会計における原価とは、どのような概念でしょうか？

 原価の正体とビジネスの基本

多くの企業のビジネスのしくみは、じつは単純です。経営者は利益を上げる必要があります。その利益は、会社の収益から費用を差し引いたものです。

> 利益＝収益－費用

そして、「利益を出すために、どのくらいお金がかかるのかを社内で正確に把握するためのもの」、これが管理会計における原価です。

厳密にいうと、費用から非原価項目を差し引いたものを **総原価** といいます。

> 総原価＝費用－非原価項目

この総原価は、**売上原価**（58ページ）と**販管費**（61ページ）を合わせたものです。

> **補足ポイント**
>
> **非原価項目**
>
> 原価に含めないもの。法人税などの税金、支払利息、配当金、臨時で発生した損失などがある。

総原価という言葉は、外部向けの財務3表に記載が義務づけられていませんので、財務会計ではあまり使われません。おもに管理会計で使われる会計用語です。

業態によって異なる売上原価の内訳

売上原価は業態によって変わり、製造業なら製品の製造にかかったコストが**製造原価**になります。そのうち、販売された製品の原価が売上原価です。また小売・卸売業の場合は、**仕入原価**が売上原価として計上されます。

サービス業や小売業は製造原価が発生しませんので、仕入原価のみが計算されます。

本書で取り上げる製造業における売上原価は、次のように計算されます。

> **補足ポイント**
>
> **製造業の原価**
>
> 製造業における材料費とは、文字通り製造する製品の材料にかかった費用のこと。労務費は、製品の製造に関わった人の人件費。それ以外の費用（たとえば工場の家賃や水道光熱費、また外注した場合の外注加工費など）を経費という。

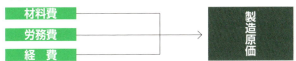

$$売上原価 = 製造原価 \times \frac{販売量}{製造量}$$

なお、製造原価とは、材料費と労務費と経費を合わせたものです。これを「原価の3要素」といいます。

原価の3要素

材料費 ┐
労務費 ┼→ 製造原価
経　費 ┘

ここまで説明してきたのは、「使われる対象による原価の分類」です。

Lesson 2-2 直接費と間接費

原価とその分類②

▶▶▶製造する製品にどう関わるかで原価は分類される

製造業における原価の分類方法は、使われる対象だけではありません。その原価が製品の製造に直接使われたかどうかによっても、分類されます。

▶ 直接かかる費用とまたがってかかる費用

製造原価を **直接費** と **間接費** に分類する方法があります。製造原価の中の直接費を、製造直接費といいます。また製造原価の中の間接費を、製造間接費といいます。

そして製造直接費とは、文字通りある製品を製造するときに直接かかる費用、製造間接費とは複数の製品にまたがってかかる費用です。

▶ 「原価の3要素」も直接費と間接費に分類

75ページで説明したように、製造業における原価には、材料費、労務費、経費の3つの要素があります。これも、直接費と間接費に分類されます。

> **実例** 自動車を製造するときの型枠は、自動車にのみ使われる材料ですから、直接材料費となります。同様に工場内で自動車組み立て部門の従業員の賃金は、自動車の直接労務費です。また、自動車に取りつけるエンジン部分の製造を外注した場合は、直接経費となります。

間接材料費とは、複数の製品を製造する機械の燃料、製造に必要な工具といった、またがってかかる材料費を指します。

　間接労務費も同様に、複数の製品を製造する工場のメンテナンス、研究開発、品質管理など、組み立て・製造作業以外で複数の製品にまたがる従業員の労務費のことです。

　またそれ以外にも、従業員に関わるさまざまな費用が間接労務費に含まれます。たとえば従業員の健康保険、厚生年金、雇用保険などの福利厚生費も間接労務費として扱われます。

> **！補足ポイント**
>
> **単一製品なら直接費**
>
> 間接費は「複数の製品にまたがってかかる」ものであるため、単一の製品しか製造していない場合は、基本的に直接費となる。

製造原価	直接費	直接材料費	製品に直接使用される部品や材料の費用
		直接労務費	製品の組立や加工など、製造に関わる作業員の労務費
		直接経費	外注加工費や鋳型の経費など、製造に関わる経費
	間接費	間接材料費	潤滑油や塗料などの補助材料費や、消耗工具備品費など
		間接労務費	製品の品質管理や生産管理などにかかる労務費
		間接経費	工場の設備や減価償却費、光熱費など

※上記で挙げた間接費の例は、複数の製品を製造する場合とする。

　なお、間接費はそれぞれの製品に一定の割合で割り振られます。くわしくは、次のページで説明します。

Lesson 2-3 間接費の配賦
またがる原価を割り振る

▶▶▶ 複数の製品にまたがる間接費は
基準をもうけて原価に計上する

製造間接費は、特定の製品ごとに対応していない原価です。原価計算をするときは、どの程度が各製品に対応するかで割り振る必要があります。割り振る際には基準が必要となります。

▶ 間接費は配賦して原価として計上

製造間接費は特定の製品だけを製造するためにかかった費用ではありませんが、製品の原価には含まれます。

これを計算する場合は、どの製品にどれだけの費用が使われたかで割り振る必要があります。これを**配賦**といいます。

なお間接費は一般的に材料費、労務費、経費を合計して間接経費とした上で、配賦をします。

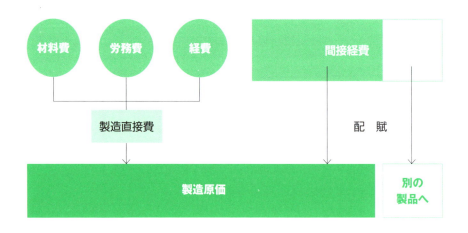

配賦の3つの基準

間接費を配賦するためには、まず配賦基準を設定します。そして配賦基準にもとづき、間接費全体を各製品に配賦していきます。

配賦基準には、次の3つがあります。

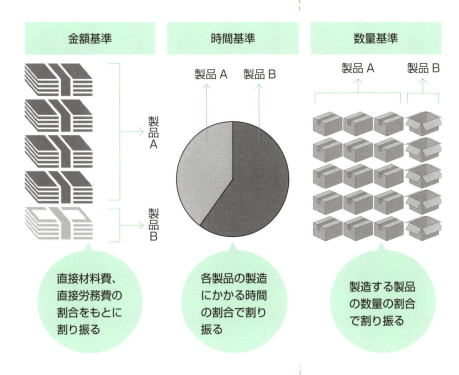

上記のいずれの配賦方法を採用するかは、製造する製品や企業ごとの計算によって決定しますが、おもに時間基準が使われます。

なお、その場合は、さらにマシンレート法とマンレート法という伝統的な計算方法があります。

> **!補足ポイント**
> **伝統的な配賦法**
> マシンレート法とマンレート法は昔から使われている伝統的な配賦法であり、大量生産される製品を想定している。

▶ **マシンレート法とマンレート法**

製造に使用する機械の稼働時間にもとづいて配賦する方法を、**マシンレート法**といいます。

一方、製造工程に関わる従業員の作業時間にもとづいて配賦する方法を、**マンレート法**といいます。

機械と人手のどちらの工程が製造の中心になるかによって判断する必要があります。

> **！補足ポイント**
> **マンレート、マシンレートの採用基準**
> マンレート法は、おもに手作業を中心として複数の従業員が関わる労働集約型製品で採用される。一方のマシンレート法は、製造工程の大部分が機械となる製品で採用される。

▶ **マシンレート法による配賦**

では、具体的な配賦の方法を説明します。マシンレート法による計算をしてみましょう。

実例

I社はA、B、Cの3種のチョコレート菓子を、工場の同じラインで製造しています。工場全体の間接経費として、毎月1,000万円が計上されています。

1カ月の機械の稼働時間は、製品Aが40時間、製品Bが60時間、製品Cが100時間です。合計は200時間となります。

この場合、製品A、B、Cの間接経費は以下のように配賦されます。

- 製品A
  1,000万 × 40/200 = 間接経費 200万円
- 製品B
  1,000万 × 60/200 = 間接経費 300万円
- 製品C
  1,000万 × 100/200 = 間接経費 500万円

▶ マンレート法による配賦

I社の製品A、B、Cの間接経費を、今度はマンレート法にもとづいて配賦します。

実例

製品Aの1カ月当たりの従業員の作業時間は60時間、製品Bは、80時間、製品Cは110時間です。3製品の合計は、250時間となります。この場合、製品A、B、Cの間接経費は以下のように配賦されます。

- 製品A
  1,000万×60/250＝間接経費240万円
- 製品B
  1,000万×80/250＝間接経費320万円
- 製品C
  1,000万×100/250＝間接経費440万円

▶ 基準によって配賦される額が異なる

2つの実例を見てわかるように、間接費の配賦では、マシンレート法とマンレート法のどちらを使うかによって、同じ製品でも配賦される金額が異なります。

また、近年は同一品種を大量生産するのではなく、多品種を少量生産するケースが多くなっており、どちらの配賦法でも実態とそぐわないことがあります。そこで、新しい配賦方法が広まっています。くわしくは、102ページで説明します。

激わかる！ポイント　製造間接費の配賦

- 複数の製品にまたがる製造間接費は、基準を設定した上で割り振って原価に計上する。これを間接費の配賦という。

Lesson 2-4 固定費と変動費

原価とその分類③

▶▶▶ 製造数量や売上高に応じて増減するか
どうかによる費用の分類方法

製造業における原価は**固定費**と**変動費**に分けることがあります。この2つの区別も重要です。売上高や製造量などに関わるので、何がどちらに分類されるのかを知っておきましょう。

 売上高の変化に関係するか、しないか

固定と変動、2つの言葉の主語になるのは「売上高」あるいは「製造量」などです。

つまり、固定費とは、「売上高などの変化に関係なく一定額で発生する費用」です。変動費は、「売上高などに比例して増減する費用」です。

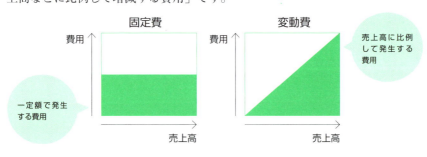

 固定費に分類されるもの

ある製品を製造する企業を例に、固定費を見ていきましょう。

まず、代表的なものは労務費です。製品を製造する工場で働く社員、本部の社員の給料などは固

> **! 補足ポイント**
> **自社保有の
> オフィスや工場**
> オフィスや工場を自社で保有している場合は減価償却費が発生する。これも固定費に分類される。

082

定費です。もちろん、福利厚生費も労務費に含まれるので、工場に隣接する社員寮を借り上げている場合、その賃料は固定費です。

オフィスや工場で使うパソコンや機械の減価償却費も固定費となります。リースで使用している場合は、そのリース代も固定費です。

> ### ▶ 変動費に分類されるもの

次は、変動費に分類されるものを見ていきます。代表的なものは、製品の材料費でしょう。

製品の根幹となるべくして購入されたものは、直接材料費として扱われます。これは自動車なら車体、家具なら木材などが該当します。

食料品を例に挙げると、ポテトチップならじゃがいも、お酒ならお米など、製造するための直接の原料となるものが変動費になります。

> ### ▶ 固定費と変動費の違い

工場などの場合、繁忙期の残業代のように、製造量や売上高に比例する部分もありますが、労務費は一般的に固定費として扱われます。

このように、固定費と変動費の分類は、じつは難しいのです。

! 補足ポイント
広告宣伝費は固定費
広告を出したからといって、その製品が必ず売れるとは限らない。したがって、広告宣伝費は売上に関係ない固定費となる。

! 補足ポイント
買入部品は変動費
自動車ではシートやハンドルなど外部から購入した部品は変動費となる。

激わかる！ポイント　　固定費と変動費の違い

- 売上高や製造量などの変化にかかわらず一定額かかるのが固定費。
- 売上高や製造量などの変化に比例して変動するのが変動費。

Lesson 2-5 原価管理の3つの手法
標準原価管理、原価改善、原価企画

▶▶▶さまざまなレベルで
原価の管理が求められる

製造業においては、経理担当レベル、製造現場レベル、企画・開発レベルと、部門ごとで原価を管理する必要があります。その手法を紹介します。

▶ 標準原価管理と原価改善

標準となる原価を設定し、その数字をもとに原価を管理するのが**標準原価管理**です。これは、おもに経理部門が主導するものといえるでしょう。くわしくは86ページで説明します。

さらに、製造の現場主導で原価削減を目指す手法を、**原価改善**といいます。仕入れや製造における工程の効率化をはかる手法で、代表的なものには、VEやJITがあります。

> **! 用語**
> **VE（Value Engineering）**
> 製品やサービスを提供するにあたり、顧客の求める機能を最小限の費用で達成する手段を考え、実行していく活動。不要な機能を外し、必要な機能を補うことで製品やサービスの価値を高めていく。

▶ 企画・開発レベルでは原価企画

製造段階での原価管理に対して、製品を製造する前、つまり企画・開発段階から、原価削減をはかる手法が**原価企画**です。

企画・開発部門はもちろん、製造現場や営業、経理部門など、製品に関わるすべての部門が参加して、総合的な原価削減の方法を考え、実践します。これは経営者やリーダーが主導する必要があるといえます。

> **! 用語**
> **JIT（Just In Time）**
> 「必要なものを、必要なときに、必要なだけつくる」という生産方式。製品そのものだけでなく、部品なども含めて、ムダをなくすことを目的とする。

| 製品の企画・開発段階から原価の削減をはかる | 企画・開発段階 **原価企画** | → | 製造段階 **原価改善** | 製造の現場で生じたムダやロスを改善する |

▶ 価格競争の時代に求められる原価企画

　近年は、とくに原価企画が求められています。その大きな原因は、価格競争です。
　企業がある製品を独占的に販売することができる場合、その企業に価格決定権があります。つまり原価と企業の希望する利益額が先にあり、価格は後で決まるような構図です。

> 価格＝原価＋利益

　ところが、他社が同じような製品を次々に販売すると、製品の機能面で競合品と差をつけられなくなります。この場合、差別化できるのは価格しかないので、価格競争が始まります。
　すると、市場の原理で価格が決まり、そこから最低限の利益を差し引いて許容原価が決まる構図になります。

> 許容原価＝価格－利益

　企業は許容原価以下で製造しなければ利益を残すことができません。そこで原価企画が求められているのです。

! 用語

許容原価

ある製品の市場価格が1万円で、その製品を売る企業は最低1,000円の利益を確保する必要があるとする。その場合、原価は最高でも9,000円以内に抑えなければならない。このように、許容できる原価の最高額を、許容原価という。

Lesson 2-6 標準原価計算

目標とする標準的な原価

▶▶▶コスト削減の際に基準として設定されるのが標準原価

コストダウンをはかる際には、現在の原価よりもどのように下げるかを、事前に考えなければなりません。その場合の目標を設定するために行なうのが**標準原価計算**です。

▶ コストダウンには目標が必要

原価を抑えるといっても、具体的にどの部分がコストダウンできるかを明確にしなければなりません。

そのため、実際に製品を製造する前に、**標準（目標）**となる原価を設定する必要があります。

▶ 原価標準は1単位当たりの原価

平均的な材料を使い、平均的な設備の稼働率で、従業員が平均的に働いて生産を行なった場合の原価を計算することを、標準原価計算といいます。

この計算によって、製造する前に目標となる原価（**標準原価**）を知ることができます。

計算によって求められた、製造する製品の1単位（数量など）ごとの原価を**原価標準**といいます。

> **! 用語**
>
> 稼働率
> 一定期間（時間）において生産できる量のうち、実際に生産された量の割合のこと。

原価標準の考え方

▶ 標準原価計算の方法

標準原価を出すためには、各費用の標準値が必要になります。まず、**直接材料費標準**は以下のように計算します。

> 直接材料費標準＝材料単価×消費量

材料単価は、仕入先との交渉などで見積もりが得られるので、その数字を使います。また、消費量は製造前に試算した数字を使います。

実例

A社が生産する自動車部品Xを例に標準原価計算をします。

事前の見積もりによると、Xを生産するためには1個当たり100gの材料が必要となります。また仕入価格は、1kg当たり1,000円の予定です。この場合の直接材料費標準は以下のように計算します。

直接材料費標準＝ 1,000円/kg × 0.1kg/個
　　　　　　　＝ 100円/個

直接労務費標準は、以下のように計算します。

> 直接労務費標準＝賃率×予想作業時間

この賃率とは、この製品を製造する従業員の「1時間あたりにかかる費用」のことです。

> **実例**
>
> 自動車部品 X を生産するために必要な作業時間は、100 個当たり 1.6 時間と予想されています。また、その作業を行なう従業員の平均賃金は、時給 1,500 円です。この場合の直接労務費標準は、以下のように計算します。
>
> 直接労務費標準＝ 1,500 円／時間× 1.6 時間／100 個
> 　　　　　　　＝ 2,400 円／100 個

さらに**製造間接費標準**を計算します。製造間接費は部門全体の予算として考える費用です。そこから製品 1 個当たりの原価を算出するには、全体の費用を生産予定個数で割ります。

> **実例**
>
> X の場合、全体で 2500 万円の製造間接費がかかると見積もられています。月間の生産予定個数は 10 万個ですから、1 個当たりの製造間接費は、以下の式で計算できます。
>
> 製造間接費標準＝ 2,500 万÷ 10 万
> 　　　　　　　＝ 250 円／個

この結果、製品 X の原価標準は次のようになります。

> 製品 X の原価標準 = 100 円 + 24 円 + 250 円
> = 374 円 / 個

標準原価計算を業績評価に生かす

目標の数字（標準原価）と、実際に製造した結果を照らし合わせて差異を見ることで、その事業の業績を評価することができます。くわしくは 92 ページで説明します。

> **！活用ポイント**
> 新事業の計画にも使える
> 標準原価計算は、事業計画を見直す（コストダウンを検討するなど）場合だけでなく、新たな事業を計画したりするといった場合にも活用される。

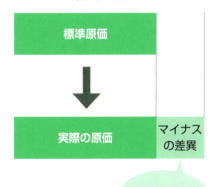

このようにして、標準原価計算を原価の管理に生かすのが**標準原価管理**です。

激わかる！ポイント　標準原価計算の計算でわかること

● 標準原価計算で求められるのは、標準となる原価。これを生産予定個数で割ると 1 個当たりの原価標準がわかる。

Lesson 2-7 実際原価計算
実際にかかった原価を計算する

▶▶▶製品に応じて2種類の
　　原価計算の方法がある

　まず、コスト削減に向けて標準原価計算で標準原価を設定しました。それでは実際に製造した製品の原価計算をしましょう。その計算には、2種類の方法があります。

▶ 総合原価計算と個別原価計算

　実際に製造された製品のデータをもとに原価を計算する——これを**実際原価計算**といいます。
　製造業の実際原価計算には、次の2種類の計算方法があります。
①**総合原価計算**
　同じ製品を大量生産する場合に使われる計算方法です。1カ月や1年などの一定の期間で製造されたデータをもとに計算します。一般的な製造業の大半で、この原価計算が行なわれます。
②**個別原価計算**
　「大量生産ではなく、個別に注文を受けて製造するもの」の場合に使われる計算方法です。製造期間ではなく、1回の製造ごとに計算します。

> **！活用シーン**
> **個別原価計算をする製品**
> 個別原価計算が使われるのは、住宅や船など、高額であり、通常は単体で受注して製造するもの。

▶ 総合原価計算の方法

　基本的な考え方は、一定期間（1カ月、半年、1年など）の原価を合計し、製品の個数で割るだけです。次のように計算します。

> 製造原価＝直接材料費＋直接労務費＋製造間接費
>
> 製品1個当たりの実際原価＝実際原価÷製造量（個）

　なお、総合原価計算には、いくつかの種類があります。上記のようなすべての原価をまとめて計算する「単純総合原価計算」、製品を等級ごとに分けて計算する「等級別原価計算」、組ごとに分けて計算する「組別原価計算」、工程ごとに分けて計算する「工程別原価計算」などです。

▶ 個別原価計算の方法

　期間で区切ることはありません。その製品の製造にかかったすべての材料費、労務費、経費を集計します。計算式は次のようになります。

> 原価＝材料費＋労務費＋経費

▶ 実際原価と標準原価の差

　ここまで、原価計算の基礎的な考え方と計算方法を紹介しました。もちろん、実際に計算するとなると、細かい計算となるため、非常に複雑になります。
　この実際原価計算でわかった原価と標準原価計算で求めた標準原価を比較します。

Lesson 2-8 原価差異分析

目標値と実際値を比較・分析

▶▶▶原価標準と実際原価の差異を求め細部まで原価を管理する

標準原価計算で求めた標準原価と実際原価には差異が発生します。両者の差異をより細かく分析して生産活動が効率的に行なわれているか確認することを、**原価差異分析**といいます。

▶ 標準原価と実際原価の差を求める

目標として定めた原価の通りにコスト削減が達成できたかどうかは、実際に製品を製造してその原価を計算しなければわかりません。

ただし、すべてが計画通りにいくとは限りません。さまざまな要因から、標準原価と実際原価には差が生まれます。

標準原価と実際原価を比較・検討することを原価差異分析といいます。

▶ 原価差異分析の一般的な手法

原価差異分析は、直接材料費、直接労務費、製造間接費に分けて行ないます。目標を達成できなかった原因を、個別に解明していくためです。

なお、実際原価計算をする場合、1日ではサンプル数が少なすぎて統計には向かないので、目安として最低でも1カ月程度生産を継続します。その実績にもとづいて実際原価を計算します。

> **! 補足ポイント**
>
> **差が大きい場合の考え方**
> 実際原価が原価標準よりもかなり高くなっているとしたら、それは改善すべき業務といえる。

原価差異分析の手順

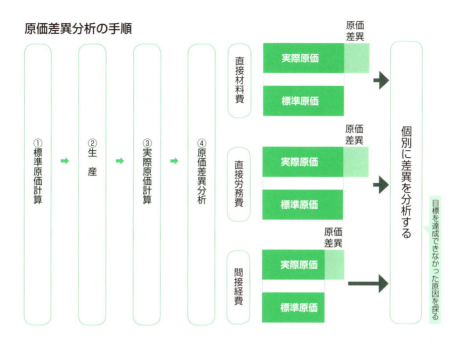

> **実例** 直接労務費の差異分析(98ページ)の場合、従業員の作業時間にもとづいて実際の原価を計算します。作業時間が短いほど原価が安くなりますが、そこで残業代圧縮のために実際よりも低く作業時間を報告している部署もあるかもしれません。
>
> 原価差異分析は単にコスト削減の結果の分析で終わらせるのではなく、このような不正も含めた現場の状況把握でも活用できます。

では、次のページから、実際に原価差異分析を行ないます。ただし、「製造間接費の差異分析」は、計算が非常に複雑になるため本書では取り扱いません。

Lesson 2-9 直接材料費差異

原価差異分析①

▶▶▶ 価格差異と数量差異に分解し
問題点が特定できる

直接材料費の原価差異分析は、材料が適切な価格で仕入れられているかどうか、そして生産に効率的に使われているかどうかを見るために行ないます。全体の差異を分解し、個別の差異を求めることもできます。

▶ 材料費の標準原価と実際原価の差

原価差異分析は材料費、労務費など、各費用ごとに行ないます。まずは直接材料費の分析について説明します。

実例

A社が1カ月に10万個製造する自動車部品Xを例にあげます。

標準原価計算では1個の製造に材料100gが必要で、材料価格は1kg当たり1,000円でした。つまり、月当たりの直接材料費標準は1,000万円でした。

そして1カ月間製造を行なってみたところ、実際に製造された数は9万個でした。

ここから実際にかかった原価を集計します。

まず、最初に実際に使った材料の量と、材料の仕入れにかかった金額を確認します。

前月の9万個の製造のために材料を11t使い、仕入れた価格は1kg当たり950円でした。

差異分析の流れ

① 標準原価計算

↓

② 製造

↓

そこで9万個の製造のためにかかった直接材料費の総額を求めるには、1個当たりの実際の材料消費量を求めます。

③ 実際原価計算

1個当たり材料消費量
= 1万1,000kg ÷ 9万個 = 0.12kg/個

そしてこの数字を元にして、差異を計算します。

④ 原価差異分析

直接材料費の総差異
= 標準直接材料費 − 実際直接材料費
= 1,000円/kg × 0.1kg/個 − 950円/kg × 0.12kg/個
= −14円/個

製品1個当たりの差異は−14円となりました。原価差異がマイナスなので、好ましくない不利差異となりました。標準原価よりも実際にかかった原価のほうが多かったことを意味します。
　また、これは製造過程全体の差異であり、総差異といいます。

> **！補足ポイント**
> **有利差異と不利差異**
> 実際の原価が標準原価よりも低かった場合、自社にとって利益になる状況なので有利差異という。反対に実際の原価のほうが標準原価よりも高かった場合、自社の損失になる状況なので不利差異という。

激わかる！ポイント　　直接材料費の差異分析

● 製造のためにかかった材料費の差異分析によって、材料費の目標（標準原価）と実際原価の差がわかる。

問題点を特定するために分解

次に効率的に生産活動が行なわれていない部分を特定するために、総差異を価格差異と数量差異に分解します。

直接材料費の価格差異とは、材料1kg当たりの仕入れにかかった費用の差異を表わします。

直接材料費の数量差異とは、製品1個当たりの製造にかかった材料の量から計算される費用の差異を表わします。

価格差異は以下のように計算します。

価格差異
= 0.12kg/個 ×(1,000 − 950)円/kg
= 6円/個

このように、6円の有利差異になりました。
次に数量差異ですが、以下のように計算します。

数量差異 = 1,000円/kg ×(0.1 − 0.12)/個
= −20円/個

−20円の不利差異になりました。

価格差異が不利差異なら仕入れがうまく行なわれておらず、数量差異が不利差異なら材料が効率的に使われていません。総差異を分解することで、このように問題点が特定できます。

> **!補足ポイント**
> **価格差異と数量差異の和**
> 価格差異と数量差異を合計した数字が、総差異になる。

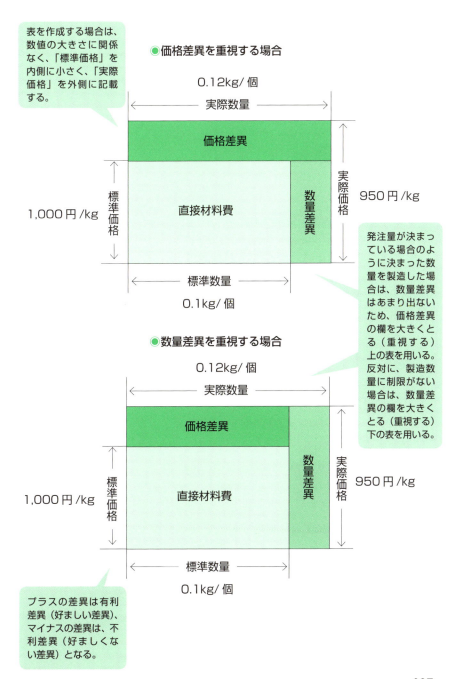

Lesson 2-10 直接労務費差異

原価差異分析②

▶▶▶ 作業時間差異と賃率差異に分解し問題点が特定できる

　直接労務費の差異分析は、従業員が効率よく働いているかどうか、あるいは必要以上の賃金を払っていないかどうかを見るために行ないます。計算のしかたは、基本的には直接材料費の場合と同じです。

労務費の標準原価と実際原価の差

　では、直接労務費差異の求め方を説明します。

実例

　直接材料費の例と同様に、A 社が製造する自動車製品 X を例に挙げます。X は月に 9 万個製造されていました。

　直接労務費の場合、原価差異分析のためには時間当たりの労働者の平均賃金と、製造のためにかかった作業時間のデータが必要になります。

　標準原価計算によると、X の製造に必要な平均賃金は 1 人 1 時間当たり 1,500 円。そして 10 万個の生産に必要な作業時間は月に 1,600 人・時間でした。これを 100 個当たりにすると、1.6 人・時間となります。

　この数字をもとに 1 カ月製造しました。

　次に実際にかかった賃金と作業時間を確認します。実際に支払った賃金は 1 人 1 時間当たり 1,400 円。そしてかかった時間は 1.7 人・時間/100 個でした。

差異分析の流れ

① 標準原価計算

↓

② 製　造

↓

これらの数字にもとづいて、直接労務費の総差異を計算します。標準原価計算によると100個の製造に必要な金額は、以下の通りでした。

$$直接労務費標準 = 1,500円/時間 \times 1.6時間/100個$$
$$= 2,400円/100個$$

そして実際にかかった金額は、以下になります。

③ **実際原価計算**

$$実際の直接労務費 = 1,400円/時間 \times 1.7時間/100個$$
$$= 2,380円/100個$$

そしてこの数字を元にして、差異を計算します。

④ **原価差異分析**

直接労務費の総差異
= 2,400円/100個 − 2,380円/100個
= 20円/100個

この結果、100個当たりの直接労務費の総差異は20円の有利差異であることがわかりました。
つまり、直接労務費については、標準原価をクリアしていることがわかります。

激わかる！ポイント　直接労務費の差異分析

● 製造のためにかかった労務費と作業時間のデータをもとに、労務費の目標（標準原価）と実際原価の差を求める。

▶ 改善点を確認するために分解

　直接材料費の場合と同様に、直接労務費も総差異を賃率差異と作業時間差異の2つに分解できます。
　まずは賃率差異です。これは、賃金の面で実際にかかった原価と標準原価との間にどれだけの差異があるかを計算した数値です。
　賃率差異は以下のように計算します。

> 賃率差異
> 　= 1.7時間/100個 ×（1,500 − 1,400）円/時間
> 　= 170円/100個

!補足ポイント
賃率
製造に関わる従業員の1時間当たりの労務費（人件費）のこと。

　100個当たりの賃率差異は170円の有利差異でした。つまり、従業員が標準よりも低い賃金で働いていることを意味します。
　次は労働者が作業をどれだけ効率よく行なったかを示す、作業時間差異です。作業時間差異は以下のように計算します。

> 作業時間差異 = 1,500円/時間 ×（1.6 − 1.7）時間/100個
> 　　　　　　= − 150円/100個

　100個当たり − 150円の不利差異となりました。
　作業時間差異が不利差異だと、生産が効率よく行なわれておらず、目標よりも時間がかかっていることを意味します。この場合は生産の効率に改善の余地ありと考えられます。

!補足ポイント
賃率差異と作業時間差異の和
賃率差異と作業時間差異を合計した数字が、総差異になる。

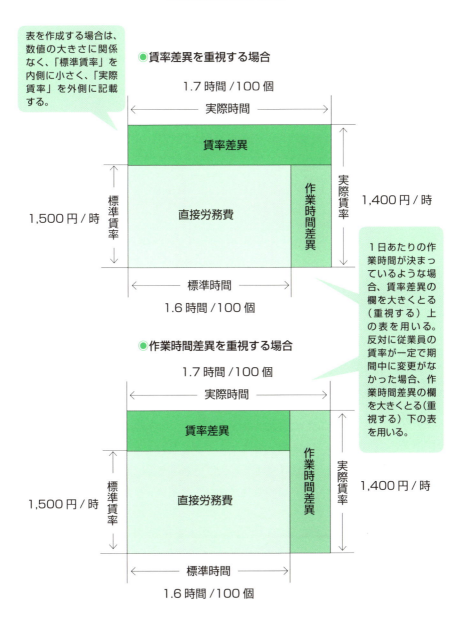

Lesson 2-11 ABC（活動基準原価計算）

間接費を活動ごとに配賦

▶▶▶製造業務を活動ごとに細かく分類し
それぞれに間接費を配賦する

多品種少量生産の製品では、伝統的な製造間接費の配賦の方法では実態にそぐわないケースがあります。そこで、製造活動ごとに配賦するという新しい基準が Activity Based Costing ＝ ABC です。

> ▶ **多品種少量生産に合う配賦**

現代では、顧客のニーズに合わせたいろいろな製品が製造されています。単一の製品を大量生産するのではなく、さまざまな製品がニーズに合った数だけつくられるようになっています。

こうした多品種少量生産の製品において、間接経費をこれまでの方法で配賦しようとすると、実態にそぐわないケースが出てきます。

実例 チョコレートを製造するⅠ社を例に挙げます。製品Aは1カ月に2万個、製品Bは1カ月に3万個、製品Cは1カ月に20万個製造しています。AとBは少量生産品、Cは大量生産品です。

この製造する数量を基準として、間接費（合計1,000万円）の配賦をすると、以下のようにA、B、Cともに1個当たり40円となります。

- 製品A　　1,000万 × 20,000/250,000 ＝ 間接経費 80万円（40円/個）
- 製品B　　1,000万 × 30,000/250,000 ＝ 間接経費 120万円（40円/個）
- 製品C　　1,000万 × 200,000/250,000 ＝ 間接経費 800万円（40円/個）

ここでは、まず、間接経費の配賦に対する問題点を明らかにします。

AとBは製造時間の割に少量しか生産していないため、間接経費が低く抑えられています。

ただし、製品AやBは高級品で、Cに比べて材料の種類が多いため発注する回数も多く、また材料を機械に注入する回数が多いため機械を止める時間が長いなどの手間がかかっています。

生産活動を分類して配賦するABC

左の例のように、従来の時間基準による配賦方法では、そこに表われない手間が測れません。

その結果、間接費の配賦が実態とそぐわなくなってしまうのです。この問題点を改善するために、新しい配賦基準が考え出されました。

生産活動を個々の活動に分類し、それぞれに対して配賦基準を設定するという**ABC（活動基準原価計算）**です。以下、実例に沿って、ABCの考え方を説明します。

製造業務の分類

製造業務を以下のように分類します。

①原材料を調達する「発注」
②材料注入や機械点検をする「段取」
③製造する「製造」
④加工方法を研究する「研究」
⑤品質検査をする「検査」

補足ポイント

従来の方法では測れない手間

一般的には、多品種少量生産品を製造するようになると、製造品を切り替えるときの時間のロスや、複数の製造機械を導入することなどによって、間接経費がかさむ傾向にある。

前記のように分類したうえで、製造間接費 1,000 万円を各製品のそれぞれの活動ごとに集計すると、以下のようになりました。

```
① 「発注」には 160 万円
② 「段取」には 110 万円
③ 「製造」には 400 万円  ── 合計 1,000 万円
④ 「研究」には 130 万円
⑤ 「検査」には 200 万円
```

▶ 活動ごとの配賦基準「コストドライバー」

次に各製造業務によってそれぞれ別の配賦基準を使って計算します。このとき使う基準を、**コストドライバー**といいます。

たとえば「発注」の工程では、発注した回数がコストドライバーとなります。ここでは製品A、Bの発注回数が各7回、製品Cの発注回数が2回、計16回とします。

発注にかかる製造間接費は次のような計算で配賦されます。

- 製品Aの発注にかかる間接経費
  160万 × 7/16 = 70万円
- 製品Bの発注にかかる間接経費
  160万 × 7/16 = 70万円
- 製品Cの発注にかかる間接経費
  160万 × 2/16 = 20万円

> **!補足ポイント**
> **発注のコストドライバーは時間でもよい**
> 発注のコストドライバーは、回数のほかに、「発注にかかった時間」としてもよい。ただし、発注の方法が毎回同じであれば、回数のほうが製品ごとの差が明確になる。

同様に、「段取」のコストドライバーは注入・機械点検の回数、「製造」のコストドライバーを時間、「研究」のコストドライバーは調査・実験の回数、「検査」のコストドライバーは回数とします。それぞれ以下のようになりました。

- **段取（回数）**
  製品A＝12 ……………………… 110万円×12/20＝66万円
  製品B＝6 ………………………110万円×6/20＝33万円
  製品C＝2 ………………………110万円×2/20＝11万円
- **製造（時間）**
  製品A＝30 ……………… 400万円×30/160＝75万円
  製品B＝50 ……………… 400万円×50/160＝125万円
  製品C＝80 ……………… 400万円×80/160＝200万円
- **研究（回数）**
  製品A＝6 ………………………130万円×6/10＝78万円
  製品B＝3 ………………………130万円×3/10＝39万円
  製品C＝1 ………………………130万円×1/13＝13万円
- **検査（回数）**
  製品A＝3 ………………………200万円×3/12＝50万円
  製品B＝4 ………………………200万円×4/12＝67万円
  製品C＝5 ………………………200万円×5/12＝83万円

以上を集計すると、製品A、B、Cにかかる間接費は次のように配賦することになります。

- **製品Aの製造にかかる製造間接費** ……………………… 339万円
- **製品Bの製造にかかる製造間接費** ……………………… 334万円
- **製品Cの製造にかかる製造間接費** ……………………… 327万円

それぞれの製造間接費を製造量で割ると、3つの製品の1個当たりの製造間接費がわかります。

- **製品A** ……………………… 339万円÷2万＝170円／個
- **製品B** ……………………… 334万円÷3万＝111円／個
- **製品C** ……………………… 327万円÷20万＝16円／個

Lesson 2-12 ABM（活動基準原価管理）

活動ごとに原価を管理

▶▶▶ 製造業務を活動ごとに分類し原価を管理する考え方

ABCからさらに発展し、生産を「発注」「製造」など活動ごとに分類して業務の改善に活用するActivity Based Management＝ABMという概念があります。とくに生産部門の業務改善に役立つ考え方です。

▶ 活動ごとに業務を改善

活動ごとに生産業務の改善をしていくという概念を**ABM（活動基準原価管理）**といいます。

ABMは、まず業務における各活動を分析するところから始まります。活動過程における一つひとつの業務は何人の従業員がどれくらいの時間をかけて行なっているのか調査し、分析します。

▶ 業務を付加価値の有無で分類

調査の目的は、各業務を**付加価値活動**と**非付加価値活動**に分けることにあります。

製造過程を例に挙げてみましょう。工場で生産設備を動かして製品を生産すれば付加価値が生まれるので、付加価値活動です。

一方の社内会議は、顧客にとっての付加価値は生まれませんので、非付加価値活動になります。社内で提出する報告書類も同様ですから、非付加価値活動になります。

とはいえ、当然すべてをなくしてしまうわけに

> **補足ポイント**
>
> 付加価値活動
>
> 顧客にとっての付加価値が生み出される活動のこと。非付加価値活動とは、反対に付加価値が生まれない活動のことをいう。

はいきません。会議も稟議書も、意思決定における重要なファクターであり、必要なものです。

すべてなくしてしまうのではなく、時間を短くしたり、書類を簡略化したりして、業務を合理化するなどの方法はあります。

業務コストドライバー分析

非付加価値活動を整理するにあたって、**業務コストドライバー分析**が有効な方法になります。業務コストドライバーとは、特定の活動を生む原因となっている要素のことです。

たとえば会議なら、昔からの習慣だけで毎週集まっている会議もあるかもしれません。このような非付加価値活動の理由を追究するのが、業務コストドライバー分析です。

原因がわかれば、業務の整理がやりやすくなります。こうして、効率的な業務の流れをつくり、原価の削減をはかるのがABMという考え方なのです。

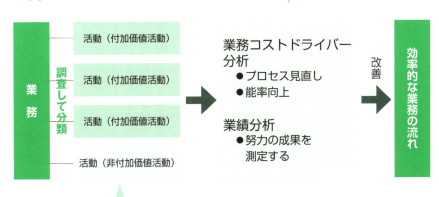

Lesson 2-13 ABB（活動基準予算管理）

活動ごとに予算を管理

▶▶▶ 製造業務を活動ごとに分類し
予算を管理する考え方

　ABCによる情報をもとに、予算を配分する考え方がActivity Based Budgeting＝ABBです。とくに製造や営業などの収益を生む活動以外の活動の予算配分に役立ちます。

 活動ごとに予算を配分

　活動ごとに原価を計算するABCや、活動ごとに原価を管理するABMのほかに、業務を活動ごとに分類し、それにもとづいて予算を管理する方法、これが**ABB（活動基準予算管理）**です。

　基本的な考え方はABCやABMと同じで、まずは業務を活動ごとに細かく分類します。

実例　「発注」を細かく分類し、最初に発注計画作成のための今期の売上高目標や在庫数見通しなどのデータを集める「データ収集」を行ないます。

　上記で集められたデータにもとづき、今期の発注数や発注品目を決める「発注計画作成」をします。この計画にもとづいて発注先と価格や納期などの条件を「交渉」します。交渉して条件面で合意できたら、実際の「発注」になります。発注された製品は後日になって発注先から出荷されますので、その後「受け取り」という業務が発生します。受け取った製品は、倉庫などのしかるべき場所に保管しておかなくてはなりません。

　製品を受けとって終わりではなく、最後に発注先に代金を支払う「支払い」があります。これでひと通りの発注業務が完了しました。

このように業務を活動ごとに分類することができたら、それぞれの活動にどれだけの予算が必要か検証し、予算を配分します。

ABBの編成過程：目標利益が与えられる → 目標売上高の決定 → 販売計画、生産計画の立案 → 活動量の推定 → 活動を実行するための費用の予測 → 予算の編成

ABC、ABM、ABBの相乗効果

　活動ごとに原価を計算（ABC）し、原価を管理（ABM）したり、予算を配分（ABB）することで、より効率的に事業を進めることができます。

　左ページの例で、「データ収集」の活動の中に、不要なデータも集めているというムダがあるかもしれません。

　また「発注計画作成」でも、それほど意味のない会議などが行なわれていれば、その分の予算がムダになっています。

　このように、ABC、ABM、ABBはセットで遂行されることによって、相乗効果を生むといえます。

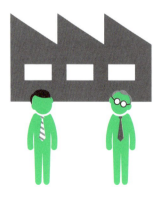

Lesson 3

利益管理と
その実行

利益をアップさせるにはどうするか──
計画を立てて実行するための手法を身につけよう。

Lesson 3 Introduction

経営者の仕事は利益管理
6つのステップで理解

▶▶▶理念、目標、戦略……。
それぞれの用語を使い分ける

企業がもつ経営理念を実現へと導くためには、6つのステップがあります。このステップは、そのまま経営そのものの流れにつながっています。

 経営理念、経営目標、経営戦略の違い

経営者、あるいはリーダーであるあなたは、企業の経営理念、経営目標、経営戦略の違いをきちんと把握していますか？ おさらいしておきましょう。

①**経営理念（ミッション）**
　企業が存在する理由、そして社会における役割を言葉にしたもの
②**経営目標（ビジョン）**
　経営理念のもとで将来、こうなりたいという姿を示したもの
③**経営戦略**
　現在の企業の状況から、経営目標を実現するための方策

 具体的な数値が伴う「事業計画」

経営戦略を実行するに当たって立てられる計画が、事業計画です。この事業計画が立案されるとき、経営目標が数字の目標に転換されます。

> **!補足ポイント**
>
> **中長期経営ビジョン**
>
> 事業計画は、企業によっては「中長期経営ビジョン（計画）」という表現を用いることもある。

④**事業計画**
　個別の計画（数字が入った具体的な計画）

　ある企業は経営目標を「業界内で確固たる地位を築く」としています。その経営戦略は、「上位企業のシェアを奪う」「下位企業を吸収する」というものです。事業計画は、「上位のA社よりも1万円安い新製品を開発する」「下位のB社を10億円で買収する」というようなものです。

> **!補足ポイント**
> 事業計画の適用期間
> 事業計画は、一般的に3年程度先までの期間ごとに設定される。

▶ 年単位の計画「利益計画」と予算を立てて実行「予算管理」

　企業は、事業計画にそって1年単位で会社全体の目標利益を設定し、それを達成するための計画を立てます。これが、**利益計画**です。
　そして、利益計画をもとに、部門ごとに予算を立てて実行していくことを、予算管理といいます。

⑤**利益計画**
　1年ごとに考える全社的な利益を中心においた計画
⑥**予算管理**
　部門ごとに予算の責任者が実行

▶ 経営者・リーダーの仕事は利益管理

　①～⑥までの一連の流れを、**利益管理**といいます。「管理会計の考え方を駆使して利益管理を行なう」ことが、経営者やリーダーの仕事なのです。

> **!補足ポイント**
> 単年度経営ビジョン
> 利益計画は、企業によっては「単年度経営ビジョン（計画）」という表現を用いることもある。

Lesson 3-1 利益計画
リーダーが知っておくべき鉄則①
▶▶▶ 会社全体の目標利益を達成するために立てられる計画

経営者やリーダーの大きな仕事の1つとして、年単位での全社的な**利益計画**の立案があります。ここでは、その立案方法を紹介します。

▶ 似て非なる利益計画と予算管理

利益計画は、事業計画の実現に向けて年単位で設定される、**目標利益**を達成するための計画です。

いい換えれば会社の1年間の売上目標で、それを考えるのは経営者・リーダーの仕事です。その目標をもとに、各部門の責任者が、予算を立てて実行していきます。これが**予算管理**です。

両者の違いを頭に入れておきましょう。

▶ 利益計画のプロセス

利益計画の立て方の正しいプロセスは、次のようになります。

> **! 補足ポイント**
> **企業ごとに異なる定義**
> 利益計画と予算管理の扱いは、企業によって大きく異なる。そもそも利益計画が予算管理の一部(編成)として区別されていない企業や、利益計画や予算管理という言葉を使わずにすべて「事業計画」としている企業などが存在する。

① 目標利益を設定する	② 固定費を見積もる
目標利益は、過去の実績、売上の推移、損益分岐点、従業員ひとりあたりの利益額、入手できる範囲で同業他社の利益などを参考にして決める。	人件費、賃料や水道光熱費などの経費、減価償却費などを計算する。

③ 必達すべき限界利益を計算する	④ 最低限必要な売上高を割り出す
目標利益に固定費を足して必達すべき事業全体の限界利益を算出する。	全体の限界利益に変動費を加えて、目標利益を達成するために必要な売上高を計算する。

限界利益（164ページ）と、目標利益の達成に必要な売上高の計算式は、以下のようになります。

> 限界利益 = 目標利益 + 固定費

> 目標利益の達成に必要な売上高
> 　= 限界利益 + 変動費

計画は都度見直しを

　利益計画を作成し、最低限必要な売上高を達成できるという根拠が示せなかった場合、その事業は見送りになる可能性が生じます。そこで必要なのは、利益計画の見直しです。

　そもそもの計画の固定費や変動費は、業界の標準と比べ大きく異なっているかもしれません。

　もし固定費や変動費が多くなっていれば、それが利益計画の実現を妨げている原因かもしれません。その場合は固定費と変動費を見直しましょう。

　これらを下げることで、利益が増えることになります。

　商品・製品の販売価格も見直す必要があります。

　また、途中で原材料費などのコストが上がってきたら、販売価格を上げる必要が生じるかもしれません。そのための対策を講じておく必要があるでしょう。

> **！補足ポイント**
> **固定費を計算する際の注意点**
> 固定費の配分は売上に対する割合ではなく、限界利益に対する割合であるということ。いくら売上が大きくても、限界利益が少なければ固定費を捻出できなくなる。

> **！活用ポイント**
> **値下げは慎重に**
> 値下げして販売数量を増やすという対処法もあるが、その場合、原価割れし、限界利益が下がることも。そのため、値下げのタイミングと額は慎重に検討しなければならない。

Lesson 3-2 予算管理

リーダーが知っておくべき鉄則②

▶▶▶予算は活動ごと、組織全体や部門ごと、期間ごとによって設定される

利益計画にもとづいて、一定の期間ごとに各部門が何をすべきかを定めるのが**予算管理**です。まずは、予算の種類とその管理方法を把握しましょう。

期間・組織・活動ごとに定められる予算

ひと口に予算といっても、大きく分けて以下の3種類があります。

①期間別予算（年度、半年、四半期ごとなどに編成される）

②組織別予算（製造、開発、企画などの部門ごとに編成される）

③活動別予算（経常的に行なう活動に対する予算と資金活動に関する予算）

> **! 補足ポイント**
> **活動別予算の細分類**
> 活動別予算は、経常予算と資本予算に分類される。経常予算には、損益予算と資金予算がある。

予算の種類

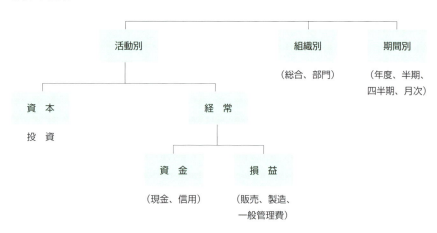

▶ PDCAサイクルによる予算管理

管理会計における予算とは、経営管理のための標準設定（目標数値）です。管理の流れは、次のようになります。

予算管理の流れ（PDCA）

▶ 実績と比較し、次の予算編成の参考に

予算管理には、予算編成➡執行・記録➡分析・評価➡是正という一連の流れがあります。そして、是正したのち次の期間（年度など）の計画に参考とされます。

もちろん、経営者・リーダーは予算が執行されている間であっても、実績をかんがみて目標達成が難しければ修正していかなければなりません。

予算には、このようなコントロール機能があります。

> **！補足ポイント**
> 予算のコントロール機能
> 事後のコントロール、期中のコントロールのほか、売上高が低かったり、製造部門の原価が高く設定されていたりする場合に修正させる「事前コントロール」もある。

激わかる！ポイント　実績と比較して次期予算編成に活用

- 予算が示すのは経営管理の標準（目標）。実績と比較しての業績評価や次期の予算編成でも使われる。

Lesson 3-3 正しい業績評価
評価指標とアクションプラン

▶▶▶業績に対する評価の基準と
　　具体的な行動計画を明確にする

予算管理の項目で説明した通り、会社の業績はPDCAサイクルによって管理します。そのためには評価指標とアクションプランを具体的に示す必要があります。

 予算管理と同じ PDCA サイクル

116ページで説明したように、PDCAサイクルにもとづいて予算管理が確実に実行され、業績を上げているかどうかを評価するのは、経営者のみならず、各部門やプロジェクトのリーダーの仕事です。

PDCAサイクルに沿って、以下の4つのポイントを説明します。

> ① **PLAN の段階**
> 　組織ごとに評価指標とアクションプランを設定
> ② **DO の段階**
> 　アクションプランの実施
> ③ **CHECK の段階**
> 　達成度の評価
> ④ **ACT の段階**
> 　改善策立案および目標の再設定

以下、個別にくわしく説明します。

> ! **補足ポイント**
>
> 業績の評価
>
> 目標達成率のほか、新規顧客獲得数や失った顧客数などの評価指標を用いて、業績を数値化する。

① PLAN の段階

業績管理の範囲を事業計画にもとづいた会社全体レベル、部門、課、チーム、個人などに細分化して、自身が担当する部門や課、部員などの中期・短期の「数値目標」と「評価指標」を設定します。

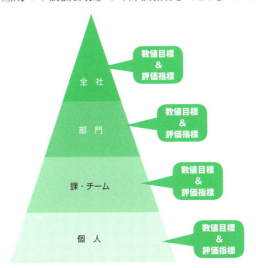

業績を客観的に判断できる評価指標

評価指標とは、業績を客観的に判断できる指標で、数値で表わします。**結果指標**と**プロセス指標**に大別できます。

結果指標とは、営業活動の最終的な結果を、経常利益や当期純利益などで表わすもの。売上高に対して売上目標達成率はいくら、利益額に対して利益目標達成率はいくらといった結果の要因を分析し、対策を講じるための指標です。

プロセス指標は、目標を達成するための活動を明確にするものです。

!用語
数値目標
売上・利益や販売数・販売額などを数値化し、それを部門やプロジェクトの目標とすること。チームの数値目標のほか、管理者や部員個人のものもある。

!用語
評価指標
目標達成に向かって計画が適切に実行されているかどうかを判断するための指標。

!活用スポット
プロセス指標の例
売上や利益目標を達成するための活動内容を数値化してとらえるもの。目標達成率のほかに、新規訪問件数や成約率、解約件数などにも設けられる。

営業部門であれば、部門での利益目標達成率110％とした場合、右のような指標が考えられるでしょう。

また、部門や課、チームが掲げる目標を達成するための具体的な**アクションプラン**（行動計画）を練ります。

経営者やリーダーはその部門や課、チームのリーダーから提出されたプランをチェックし、実行可能かどうかを判断しなければいけません。

また、その計画が実現できるような助言をするとよいでしょう。

▶ ② DO の段階

次は、アクションプランの実行です。現場のリーダーに、目標の達成率や事業の進捗を定期的に報告させるようにしましょう。

月ごとに計画を立て、○月はどのような業務を行なうのか、○月までに新規顧客を○社獲得するといった行動を明確にします。

▶ ③ CHECK の段階

続いて、売上や利益目標に対して、どれだけ達成できたのかを評価します。

高い達成率をあげているのであれば、プランの正しさや実行力を称え、気を緩めずにその達成率を継続していくようアドバイスしましょう。

こうした評価は、月次、半期、年度といった期間で続きます。

その年度も残すところあと数カ月となったときに、担当部署や部門が利益目標の達成率90％で

【指標の例】
- 見込み客訪問件数
- 企画提案数
- 新規顧客開拓件数
- 取引数量、単価、利益率アップ

! 用語

アクションプラン

「いつまでに」「何を」「どうするのか」を決定し、その情報を関係者全員で共有し、目標達成までのプロセスを明確にすること。また、進捗状態を見ながら行動に移していくこと。

! 活用ポイント

達成度が低い場合

達成率が低い場合は、その原因を現場のリーダーや部員と話し合い、改善点をあげて、まき直しできるようアドバイスする必要がある。

あった場合、「まずまずの達成度」と評価するか、「ダメだ。あと 10% 足りない」と評価するかは経営者やリーダーの判断に委ねられます。

このときに必要なのは分析力でしょう。どうして達成できないのか、原因は**外部要因**なのか、それとも**内部要因**なのか、といったことを徹底的に分析しなければなりません。

> ⚠ **用語**
> **外部要因**
> 会社の外にある要因で、自分たちで状況を変えることのできないもののこと。景気動向や政局、暖冬・冷夏などがその一例。

④ ACT の段階

期間が終了すれば、結果をふまえた改善策を立案する必要があります。合わせて、次の期間で達成すべき目標を再設定します。

その際には、社内のさまざまな意見を募る必要があるかもしれません。

> ⚠ **用語**
> **内部要因**
> 会社内にある要因のこと。事業部制やカンパニー制といった組織形態、年功序列や実力主義などの給与制度、売上を重視する売上至上主義や利益を重視する利益至上主義など営業方針などがその一例。

実例

A 社は年間の利益目標を達成できませんでした。「製造原価を下げて利益率を向上させる」とか、「商品単価を上げる」といった大胆な改善策が必要と考えた経営企画室長が経営陣にそれを進言し、実行してもよいという許可を得ました。

経営企画室長は、経営陣に進言する際、その改善策が業績向上に有効であるという根拠を説明しました。

経営者やリーダーは、このようにあらゆる手を使い、目標達成のために何をすべきか、つねに考え続けなければなりません。

Lesson 3-4 バランスト・スコアカード

財務の視点だけでない業績評価指標

▶▶▶利益のほかに顧客満足度、納期、社員教育数などの尺度がある

「企業は株主のもの」——よくいわれる企業の概念です。その一方で、企業が業績を評価するためには、多くの利害関係者の視点に立ち、バランスを維持することも大切です。

▶ 財務指標に偏りすぎない業績評価

業績評価は利益計画をベースに進められます。しかし、財務指標の多くが、**ステークホルダー**（利害関係者）の思惑が複雑に絡みあって生みだされているのも事実です。

業績評価が財務指標に偏りすぎないようにと、ハーバード・ビジネススクールのキャプラン教授と、コンサルタントのノートン氏によって開発されたのが**バランスト・スコアカード**（Balanced Scorecard、BSC）です。

> **!用語**
> **ステークホルダー**
> 企業の周辺について使用するときは、顧客（消費者）、株主や債権者（金融機関）、取引先、従業員、周辺地域社会、行政などを指す。

▶ ステークホルダーの視点で業績を評価

バランスト・スコアカードは、おもな4つのステークホルダーである株主、顧客、経営者、従業員からの視点で、業績を評価していくためのツールです。

4つの視点は階層となっており、同列ではなく、因果関係があります。

● 4つの視点

● 第1階層
「財務の視点」とは、つまり株主からの視点です。評価尺度として、一般的には利益や投資利益率などがあります。

● 第2階層
　財務面での成功は、顧客が安定した売上を支えてくれることで成立しますので、「顧客の視点」も重要です。評価尺度には、顧客満足度、マーケットシェアなどがあります。

● 第3階層
「業務プロセスの視点」とは、経営者として、いかに業務プロセスを整備するか。評価尺度としては、納期、新製品導入率などがあります。

● 第4階層
　優秀な業務プロセスを構築するためには、従業員一人ひとり、さらにチーム単位のスキルアップが必要になります。つまり、「学習と成長の視点」です。評価尺度としては、社員教育数やデータベース化率、資格取得率などがあります。

> **! 用語**
> 評価尺度
> 評価するための物差しのこと。客観的な評価が可能な数値や指標を用いる。

> **! 補足ポイント**
> 学習と成長の視点が必要とされる理由
> 技能・技術、あるいはリーダーシップといった人的資本の充実、そしてチームワークや組織風土など組織資本の充実は不可欠なものだ。

4つの視点のバランスが重要であるのとともに、それぞれが密接に関連し、連動していることを意識する必要があります。

狭義のバランスト・スコアカード

　4つの視点や評価尺度は、実際に企業経営のコンサルティングをしながら生み出されたものです。あくまでも一般論ですので、各企業の事情に合わせてアレンジを加えれば、よりよいものになるでしょう。

　バランスト・スコアカードという言葉には2つの意味があります。もともとは先に述べた4つの視点に沿って、戦略目標を立て、その達成度を測定するための尺度を決め、その目標値を定めたものをバランスト・スコアカードと呼んでいました。それが、狭義のバランスト・スコアカードです。

広義のバランスト・スコアカード

　バランスト・スコアカードが経営の場で実際に活用されていく中で、戦略マップと行動計画が付加され、しだいに不可欠なものとして認識されるようになりました。

　現在ではバランスト・スコアカードといえば、この「広義のバランスト・スコアカード」を意味します。

> **！用語**
>
> **戦略マップ**
>
> 戦略全体を定義し、その計画を正確に伝達するために視覚的にうったえる情報ツール。組織が目的や目標、その手段や達成度を明確にし、意識を共有しやすくなる。

Lesson3-4 バランスト・スコアカード

> **実例** バランスト・スコアカードがどのように活用されているかを見てみましょう。下の表はハーバード・ビジネススクールのテキストから引用した、バランスト・スコアカードの実例です。LCC（格安航空会社）を例としています。
>
> たとえば、財務の視点で「収益の増大」という戦略目標を立て、その測定尺度として旅客収益を用いて、それを年率20％増加させるという目標値を設定しています。

	戦略マップ	バランスト・スコアカード		行動計画
	戦略目標	測定尺度	目標値	実施科目
財務	収益性の確保／収益の増大／航空機数の削減	●市場価値 ●旅客収益 ●航空機リース料	●年率30％増 ●年率20％増 ●年率5％減	
顧客	集客と顧客の維持／定刻の発着／最低価格の提示	●顧客の評価 ●旅客数 ●定時発着率 ●リピーター率	●No.1 ●年率12％増 ●No.1 ●70％	●顧客ロイヤリティープログラム
業務	迅速な地上作業	●地上作業時間 ●定刻の出発	●30分 ●90％	●サイクル時間の短縮 ●品質管理
学習	作業員の戦略学習／必要技術の習得／支援システムの開発	●地上作業員特殊制度 ●戦略の浸透度 ●戦略業務の実行体制 ●情報システム	●100％ ●100％ ●5年で100％ ●100％	●従業員持株制度 ●作業員研修 ●情報システム

このバランスト・スコアカードは、会社全体や部門ごと、事業ごとなどの組織別に作成します。

(出典)
R.S.Kaplan,Teaching Note Domestic Auto Parts,Harvard Business School No.-107-087 より作成

Lesson 3-5 損益分岐点を見つける方法

グラフの見方と計算方法

▶▶▶ 単価、固定費、変動費の３つが
わかれば損益分岐点がわかる

かかった費用を回収して利益を出すためには、製品を一定数以上売る必要があります。製造・販売にかかる費用を回収できる売上高が**損益分岐点**であり、まずは損益分岐点を正確に把握することが重要となります。

▶ 費用を回収できる水準が損益分岐点

製品を製造・販売すれば売上になりますが、そのためには費用がかかります。販売したらかかった費用をすべて回収して、利益を出すために十分な数を売らなくてはなりません。

この費用が回収できてちょうど利益０となる販売個数、または売上高のことを、損益分岐点といいます。

損益分岐点を計算するために必要な要素はいくつかあります。まずは製品の価格（単価）。次に費用です。費用には固定費と変動費（82ページ）があります。

> **！活用ポイント**
>
> **事業計画の第一歩**
>
> 事業計画を立てる際には、まず損益分岐点を正確に把握しなくてはならない。損益分岐点がわかれば、最低どれだけの数量を売ればいいのかがわかる。

▶ CVP図表の構成

売上高、固定費、変動費、そして損益分岐点をわかりやすく図で表わしたのが、右のCVP図表です。

> **！用語**
>
> **CVP**
>
> 「Cost（コスト）」、「Volume（販売量）」、「Profit（利益）」をつなげて略した言葉。CVP図やCVP分析などで使われる。

この図はグラフ形式で、縦軸に金額、横軸に製品の販売数が示されています。左下から斜め上に伸びている線が売上高で、販売数が増えればそれに比例して売上高の金額が増えていることを表わします。

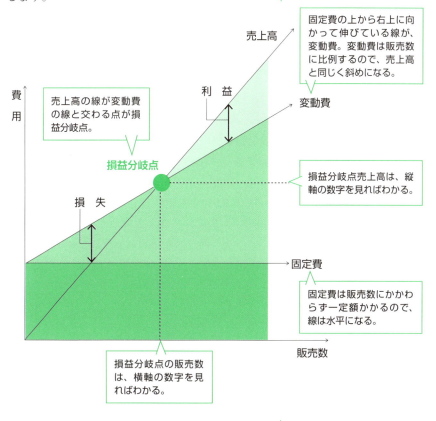

　これまでの説明に登場した販売数、固定費、変動費の関係を式で表わすと、損益分岐点においては、以下のようになります。

単価×販売数＝（1単位当たりの）変動費×販売数＋固定費

売上高の線のほうが変動費の線よりも角度が大きいため、右上に伸びるにしたがって両者の差が小さくなっていきます。

そしてグラフの中央付近で売上高の線が変動費の線と交わります。販売数がここより右、つまり多くなるなら売上高が費用を上回ることになり、利益が出ます。

反対にここより左なら費用のほうが多く、損失になります。

実例

ある、メーカーで固定費が200万円、変動費が1個当たり3,000円、単価が5,000円の衣類Aがあると仮定します。これらの数字を上の式に当てはめ、販売数は「X」とすると、以下のようになります。

$$5{,}000X = 3{,}000X + 200万$$

この式を解くと答えは1,000。つまりAの損益分岐点販売数は1,000個です。単価が5,000円ですから、売上高でいえば500万円になります。

つまり、販売数が1,000個を超えると利益が出るということになります。

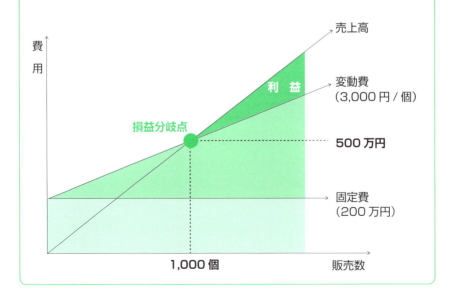

CVP図からわかること

ここまで、CVP図を用いて損益分岐点の見つけ方を説明してきました。

このCVP図を使うと、単価を変えた場合に利益がどう変化するかがわかります。

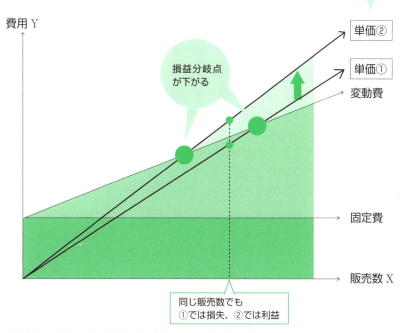

単価を上げる（固定費や変動費は変わらないと仮定します）と、損益分岐点が下がるため、販売数が同じでも利益が増えます。

激わかる！ポイント　損益分岐点分析の活用

● 損失と利益の分かれ目が損益分岐点。損益分岐点分析によって、利益が出る損益分岐点売上高、損益分岐点販売数などがわかる。

Lesson 3-6 損益分岐点比率と安全余裕率

実際の売上高と損益分岐点との差

▶▶▶経営の安定性を保ち、
　　売上目標を立てる際に役立つ

損益分岐点の売上高がわかると、その数字をもとに経営の安定度を見ることができます。計算方法を紹介します。

 損益分岐点比率

損益分岐点を超えているかどうかで利益か損失かを判断できますが、超えている場合に、その事業がどの程度安定しているかをはかる指標があります。それが**損益分岐点比率**です。

損益分岐点比率とは、現在の売上高に対する損益分岐点の売上高の比率です。式に表わすと、以下のようになります。

> 損益分岐点比率＝損益分岐点売上高÷現売上高

128ページの衣類Aの例で見てみます。Aの損益分岐点の売上高は500万円でした。現在の売上高が800万円だとすると、以下のようになります。

> 損益分岐点比率＝500万÷800万
> 　　　　　　　＝0.625（62.5％）

この数字は小さいほど、損益分岐点から現在の売上高までの幅に余裕があります。

▶ 安全余裕率

もう１つの指標・**安全余裕率**は、次のような式で表わします。

> 安全余裕率＝（現売上高 − 損益分岐点売上高）÷現売上高

!補足ポイント
「売上高までの幅に余裕がある」
売上高が減少しても赤字になりにくいことを示している。

損益分岐点の売上高は 500 万円で、現在の売上高が 800 万円とすると、両者の差は 300 万円です。これらの数字を式にあてはめると、以下になります。

> 安全余裕率＝ 300 万 ÷ 800 万
> 　　　　　＝ 0.375（37.5％）

!補足ポイント
「事業が安定している」
売上高の変動に対して利益がマイナスになりにくい、ともいい換えることができる。

安全余裕率の数字は損益分岐点比率とは反対に、大きいほど事業が安定しているといえます。

損益分岐点比率と安全余裕率

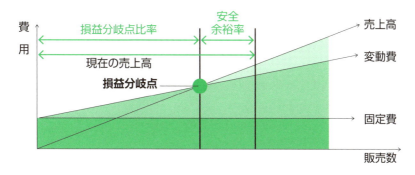

▶ 日本企業の損益分岐点比率の傾向

　日本企業の損益分岐点比率が、どのように推移してきたのかを見てみましょう。

　損益分岐点比率は、好況時には下がり不況時には上がる傾向があります。また製造業と非製造業を比べると、製造業のほうが低い傾向があります。

　日本の過去30年程度の損益分岐点比率の推移を表わしたのが、下のグラフです。

日本企業の損益分岐点比率の推移

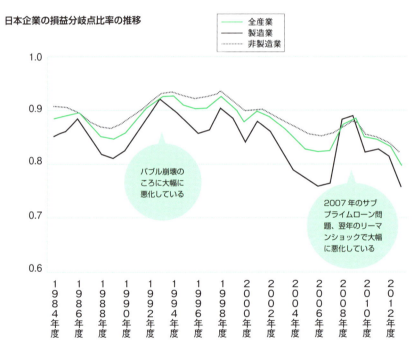

出典：「法人企業統計」

　これまでの推移を見ると、景気の動向に左右されやすいことがわかります。

　1980年代後半のバブル時代には製造業が0.8（80％）、非製造業でも0.87（87％）付近で、それ

までよりも下がりました。

90年代には平成不況もあって上昇。しかし21世紀に入ると全体的に下落し、製造業では0.8（80％）を下回る年が多くなりました。

この傾向は、いったい何を意味するのでしょうか？　それは、製造業をはじめとする企業が雇用を非正規にシフトし、固定費の削減を図ってきた傾向の表われです。

> **!用語**
>
> **平成不況**
> バブル崩壊後から2000年代前半まで断続的に訪れた不況。「失われた10年」ともいわれる。

▶ 損益分岐点比率が低下

格差の原因ともいわれる非正規率の高まりは、かなり前から論じられています。

とくに製造業で損益分岐点比率の低下が顕著ですが、これは生産拠点の海外移転が進んできたことが要因と考えられます。

90年代以降は経済のグローバル化が進み、生産拠点を中国をはじめとする労働コストの安い国に移転する企業が相次ぎました。

ただし2007年ごろに一時的に急騰しました。これはリーマンショックによる世界的な景気低迷が原因と思われます。

グラフを見るとわかる通り、全産業の平均は0.8（80％）付近。損益分岐点比率が0.8以下なら、その事業は、まずまず安定しているといえるでしょう。

激わかる！ポイント　　経営の安定度を測る指標

- 安全余裕率が大きいほど、事業が安定している。
- 損益分岐点比率が小さいほど、事業が安定している。

Lesson 3-7 変動費型経営と固定費型経営

固定費と変動費、どちらが多いか

▶▶▶変動費型経営はローリスク・ローリターン
　　固定費型経営はハイリスク・ハイリターン

　原価には変動費と固定費がありますが、原価に占める変動費の割合が多い企業と、固定費の割合が多い企業。両者を比較してみましょう。

▶ 経営の違いを比較してわかること

　変動費と固定費が原価の中でどのくらいの割合を占めるかは、企業によって、あるいは事業によってまちまちです。では、変動費が多いH社と固定費が多いI社の経営を見てみましょう。

実例

　アウトドア用品メーカーのH社はバッグV、ライバルのI社はバッグWを製造・販売しており、それらの1カ月の価格、販売数、売上、変動費、固定費、利益は右の表の通りです。

	H社 バッグV	I社 バッグW
単　価	5,000円	5,000円
個　数	1万個	1万個
売　上	5,000万円	5,000万円
変動費	3,000万円	1,000万円
固定費	1,000万円	3,000万円
利　益	1,000万円	1,000万円

　H社はVを1個5,000円で販売。1カ月に1万個売れているため、売上高は5,000万円。そして1個当たりの変動費は3,000円で、固定費は1,000万円。利益は毎月1,000万円出ています。

　一方のI社は、Wを同じく1個5,000円で販売しており、毎月同じ1万個が売れて5,000万円の売上となっています。ところがI社の場合、変動費が1個当たり1,000円、固定費が3,000万円と固定費の割合がH社よりも高くなっています。なお、利益は同じ1,000万円です。

同じ利益でも異なる損益分岐点

両社の損益分岐点を計算してみましょう。127ページの公式から、バッグVの損益分岐点は、以下のように計算します。

$$5,000X = 3,000X + 1,000万$$
$$X = 5,000$$

損益分岐点は販売数で5,000個。このときの売上高は2,500万円です。バッグWの損益分岐点は、以下のように計算します。

$$5,000X = 1,000X + 3,000万$$
$$X = 7,500$$

こちらの損益分岐点は7,500個。売上高では3,750万円です。両社の損益分岐点比率と安全余裕率を比較します。

$$H社の損益分岐点比率 = 2,500万 \div 5,000万 = 0.5$$
$$I社の損益分岐点比率 = 3,750万 \div 5,000万 = 0.75$$
$$H社の安全余裕率 = 2,500万 \div 5,000万 = 0.5$$
$$I社の安全余裕率 = 1,250万 \div 5,000万 = 0.25$$

損益分岐点比率は小さいほど経営が安定しており、安全余裕率は大きいほど安全です。これらの

> **補足ポイント**
> 「損益分岐点販売数」を求める式
> 損益分岐点販売数
> $= \dfrac{(1単位当たりの)変動費 \times 販売数 + 固定費}{単価}$

数字の比較から、H社の経営がより安定しているように見えます。

▶ 売上高の変動で経営状態に変化が

実例　バッグVとバッグWの販売数が月2万個になり、売上高が1億円になった場合を比較してみます。

Vの原価が7,000万円、利益が3,000万円となります。これに対してWは原価5,000万円、利益5,000万円になり、バッグWのほうが利益が大きくなりました。

	H社 バッグV	I社 バッグW
単　価	5,000円	5,000円
個　数	2万個	2万個
売　上	1億円	1億円
変動費	6,000万円	2,000万円
固定費	1,000万円	3,000万円
利　益	3,000万円	5,000万円

このときの損益分岐点比率や安全余裕率は以下になります。

> H社の損益分岐点比率 = 2,500万 ÷ 1億 = 0.25
> I社の損益分岐点比率 = 3,750万 ÷ 1億 = 0.375
> H社の安全余裕率 = 7,500万 ÷ 1億 = 0.75
> I社の安全余裕率 = 6,250万 ÷ 1億 = 0.625

損益分岐点比率と安全余裕率を見る限り、H社のほうが安定している点は先ほどと変わりません。しかし利益はI社のバッグWのほうが多く出ているのです。

では、最初の半分の数値、販売数5,000個、売上高2,500万円になったらどうなるでしょうか？

実例

バッグVの原価が2,500万円、損益は±0。一方の製品Wは原価が3,500万円で、1,000万円の損失になりました。

	H社 バッグV	I社 バッグW
単価	5,000円	5,000円
個数	5,000個	5,000個
売上	2,500万円	2,500万円
変動費	1,500万円	500万円
固定費	1,000万円	3,000万円
利益	0円	▲1,000万円

▶ 固定費型、変動費型の特徴

固定費が占める割合が大きいI社は、売上が増えると利益が増える一方、売上が落ちると損失が出るという特徴があります。

このように原価のうち固定費が占める割合が大きい場合は、**固定費型経営**といいます。

また、I社のように原価のうち変動費の占める割合が大きい経営方針を、**変動費型経営**といいます。固定費型経営の特徴は、ハイリスク・ハイリターンです。売上が増えれば利益が大きく増えますが、売上が減った場合には大きな損失が出ます。

変動費型経営の特徴は、ローリスク・ローリターン。売上が増えても利益の増え方はゆるやかですが、その反面、売上が減った場合に出る損失も少なくなります。

変動費型と固定費型は、どちらがいいというわけではなく、両方にメリットとデメリットがあります。

> **！補足ポイント**
> **固定費型、変動費型を見分けるポイント**
> 固定費型か変動費型かを決める要因に、どれだけ労務費がかかっているかがある。業務の多くを自社の従業員に任せ、従業員に正社員が多い企業は、一般的には固定費である労務費が増えて固定費型経営になる。逆に販売量に応じてアルバイトで調整をしたり、あるいはアウトソーシングしたりしている企業は、固定費である労務費が少ないので変動費型経営になる。

激わかる！ポイント　固定費型経営と変動費型経営の特徴

- 固定費型の経営は、売上高の変動に利益が左右されやすい。
- 変動費型の経営は、売上高の変動に利益は左右されにくい。

Lesson 3-8 適正な価格を設定する

利益を出す方法①

▶▶▶原価を積み上げて利益を乗せ、販売価格を計算する

製造業において、利益を出すための第一歩は、適正な販売価格を定めることにあります。ここでは、原価の考え方をもとにした設定方法を紹介します。

適正な利益の出る販売価格の決め方

利益計画の作成においては、適切な利益が出る販売価格を決めなければなりません。

商品・製品の販売価格の決め方は、原価を積み上げてそれに目標利益を加える**マークアップ方式**が一般的です。

実例

アパレルメーカーのC社が製造・販売する新製品Pの販売価格を考えます。

売上原価が1,200円だとすれば、それに500円の利益を加えます。そのほか販管費300円を加えた2,000円以上の販売価格を設定する必要があります。

売上原価	1,200円
利益	500円
販管費	300円
販売価格	2,000円

そして、特定の期間(毎月、半期、年間)の販売数量を決定します。月間100個販売する計画なら、月当たりの総原価(売上原価＋販管費)は以下のようになります。

$$総原価 1,500 円 × 100 個 = 15 万円$$

年間であれば、総原価は 180 万円となります。月間の利益は以下のようになります。

$$500 円 × 100 個 = 5 万円$$

したがって、総原価と利益を足せば、月間の売上高は 20 万円となり、年間の売上高は 240 万円となります。売上高が増えれば、利益も増えることになります。このようにして販売価格の根拠を定めます。

▶ マークアップ方式の問題点

ただし、マークアップ方式には弱点があります。その商品・製品の一般的な市場価格や競合品から外れた販売価格となり、予想する数量が売れないケースです。

この場合、原価を積み上げても希望する利益が乗せられないことになります。

> **！活用ポイント**
> **原価企画でコストダウン**
> マークアップ方式で利益が出せる価格設定ができない場合は、開発・企画段階の「原価企画」を見直してコストダウンをはかる必要がある。

激わかる！ポイント　適正な価格

● マークアップ方式が一般的だが、利益を出すためには適正な販売価格を設定しなければならない。

Lesson 3-9 販管費を削減する

利益を出す方法②

▶▶▶ 販管費を定期的に見直し、変更や廃止を検討する

利益を出すには、売上高を増やす努力のほかに、不要な費用を減らすことも大事です。続いて紹介するのは**販管費**を削減する方法です。ムダな費用が発生していないかチェックしてみましょう。

▶ 気づかぬうちに増えている販管費

あなたの会社では、定期的に費用を見直し、ムダを削減していますか？ 50ページで説明した以下の式を思い出しましょう。

$$利益 = 収益 - 費用$$

利益を上げるには、製造原価や販管費などの費用を減らすことも大きな課題となります。

経営者やリーダーは、全社的な損益計算書に目を通す機会があるはず。こうした機会にムダを見つけなければいけません。

▶ 販管費のムダのチェックポイント

まず、右ページの表を見ながら、次のような観点でその費用が不要かどうかをチェックしてみましょう。

> **！補足ポイント**
>
> **販管費の把握は困難**
>
> 販管費は、生産や事業と直接結びついているわけではない。そのため明確に把握することが難しく、気づかないうちに増えていることがある。

販売費及び一般管理費
- 販売手数料
- 荷造り手数料
- 運搬費
- 広告宣伝費
- 見本費
- 保管費
- 納入試験費
- 販売部門、管理部門の人員の給料、手当
- 旅費交通費
- 通信費
- 交際費
- 光熱費
- 消耗品費
- 租税公課
- 減価償却費
- 修繕費
- 保険料
- 不動産賃貸料

● チェックポイント

①それぞれの科目がどのように売上・利益に役立っているか？
②それぞれの科目の費用対効果は、適切か？

チェックの結果、不要な科目や相場と比べ高すぎる科目があれば、廃止したり、仕入先を変更したりしてコストダウンできるようにしましょう。

販売管理システムの導入も

消耗品や事務用品については、コスト削減と予算管理を目的とした購入管理システムを導入すればよいでしょう。

工場、各支店や営業所、店舗などで別々に仕入れていた同一の物品を最安値の仕入先に統一することで、これらの費用を下げることが可能になります。

> **！用語**
> **購入管理システム**
> 発注や支払業務を管理できるシステムのこと。材料や商品の購入に役立つほか、情報の一元化や伝票作成の自動化によるコスト削減も可能になる。

▶ 電力・都市ガスの小売自由化を利用

電気・ガスなど光熱費は2016年4月に始まった「電力の小売自由化」、2017年4月に始まった「都市ガスの自由化」により、地域の電力会社やガス会社以外の会社から料金メニューを自由に選択できるようになりました。

工場や店舗、事務所で消費している電気やガスは、現在契約している会社より少しでも料金の安い会社と契約すれば、年間でずいぶん安くなるでしょう。

▶ 保険の見直しは慎重に

事務所や店舗、工場や倉庫などは、必ず損害保険(火災保険や地震保険)に加入していますが、これも料金の安い保険に切り替えればコストダウンができます。

ただし、見直しの際に安易に保険料を下げすぎると、保障の範囲が狭くなるなどの可能性もあります。

すべてを経営者・リーダーの一存だけで決めてしまうのではなく、現場の責任者や保障に明るい専門家などの意見も十分に聞いて判断する必要があります。

▶ 交際費はあいまいな基準にしない

節減の手をつけやすいものに、交際費があります。そもそも交際費は基準があいまいだったり、好況だからと放置しておくと、増え続ける費用です。

> **！活用シーン**
>
> **交際費の削減案**
>
> お中元・お歳暮を廃止したり、額を減らしたりすることも検討を。取引先の夜の接待をやめて昼食会に変更すれば、交際費も削減できる。

旅費交通費も見直しましょう。全国の店長や支社の支店長などが一堂に会する会議を毎月開いている会社は少なくないですが、毎月集まる必要があるのか、検討してみましょう。テレビ会議システムを導入したほうが、ランニングコストは安くなるかもしれません。

▶ 一方的にならないように

最後に、もっとも重要なポイントを説明します。

販管費を削減する際には、トップダウンで「とにかく削れ」と一方的な指示をするだけでは、部門ごとに差が生まれたり、不満をもつ人が増えてしまったりする可能性があります。

また、デジタルデータを活用して書類の保管にかかる費用を削るなどのITを活用した販管費削減のアイデアは若い社員から出てきやすいものです。長く勤めている経営者やリーダーが、慣例として行なっているようなことにムダを感じている社員がいるかもしれません。

経営者やリーダーは、業務を効率化して利益アップにつなげるという目的をしっかり伝え、意味のあるコストダウンをはかる必要があります。

激わかる！ポイント　販管費削減の要点

● 販管費のムダを見極め、不要な費用を減れば、利益アップにつながる。一方的な指示ではなく、業務の効率化などの目的を明確にしなければならない。

Lesson 3-10 変動費率を下げる

利益を出す方法③

▶▶▶ 売上に対する変動費の割合を下げると利益が増える

材料費、外注費などの変動費は売上高や販売数量に合わせて変わる費用ですが、削減できる可能性はあります。まずは削れるところから削り、**変動費率**を下げて利益を増やしていきましょう。

変動費率を下げる≠変動費の削減

変動費は売上高に比例するため、「変動費の総額が減ったら、売上規模も小さくなるのではないか？」と考えるかもしれません。しかし、その通りにはなりません。

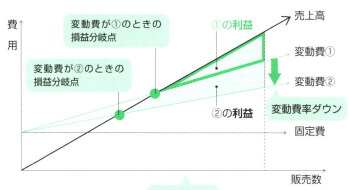

つまり、変動費の総額を減らせば連動して売上高も減ることになるのです。そこで、売上高に対する変動費の割合、つまり変動費率を下げるという視点で考えていきましょう。

> **❗用語**
>
> **変動費率**
>
> 変動費を売上高で割って導き出すもので、売上高に占める変動費の構成比を表わす。

外部に関わる部分の見直し

変動費率を下げるポイントは次の4つです。

①仕入単価を下げられないか？
②外注単価を引き下げられないか？
③自社で製造できるものはないか？
④値下げ・返品に応じすぎていないか？

仕入先にとっても、大量受注は運送費用を削減できるという利点があるので、値引き交渉に応じてくれる可能性は低くないはず。また、同時に仕入先を変更することも検討する手もあります。

変動費率を下げる際の注意点

変動費率を下げる際には注意点があります。
1つは材料の仕入量や外注先を減らしすぎると、得意先から大量受注があったときに製品や商品がないという事態に陥る可能性があること。仕入量の削減は慎重に判断しましょう。
もう1つは、仕入担当者が販売状況を把握していないと、過剰在庫が起こりがちになることです。販売と仕入の情報を共有しておきましょう。

> **！活用ポイント**
> **仕入の工夫**
> 材料の仕入単価は大量仕入や現金仕入で安くすることは可能。また、仕入先が複数ある場合は数社に絞りこみ、仕入量を増やすかわりに、単価を下げてもらうという方法もある。

> **！活用ポイント**
> **自社製造の割合を増やす手も**
> 自社製造の割合を増やせば外注費の削減も可能。ただし、その場合は、製造工程の改善や、得意先（納品先）への納期の交渉が必要になることもある。

激わかる！ポイント　変動費率を下げる要点

●変動費を下げると、売上高も下がる。あくまでも「変動費率」を下げることに主眼を置く。仕入に関する見直しを重点的に行なう。

Lesson 3-11 事業部制・カンパニー制

部門ごとに利益管理をする

▶▶▶製品別、地域別、市場別などで
一連の職能部門をそろえる

組織として複数の事業部をつくり、そこに利益管理の権限と責任を委譲するのが**事業部制**です。**カンパニー制**では、さらに進んで「社内資本金」が設定されます。

 事業部制組織

経営者やリーダーは、企業の規模拡大や事業の多角化にともなって、組織の機能を強化し、職務権限を組織に委譲する必要性に迫られます。

まず、ほとんどの企業で採用されているのが、研究開発部門、製造部門、営業部門といった職能部門別に職務権限を委譲する**職能別組織**です。

さらなる規模拡大、多角化に対応できる組織形態として誕生したのが**事業部制組織**です。

> **!補足ポイント**
>
> **事業部制組織**
>
> 事業部制組織の構成には、オーディオビジュアル事業部、キッチン家電事業部などのような「製品別」のほか、首都圏事業部、関西事業部のような「地域別」、コンシューマー事業部、法人事業部のような「市場別」などがある。

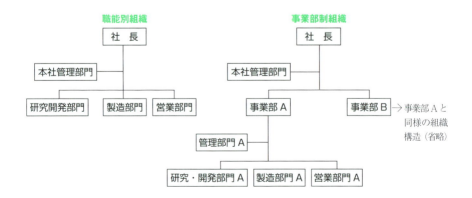

各事業部内に、研究開発部門や製造部門など一連の職能部門を備え、独立採算制をとるのが特徴です。事業部制が、さらに発展したものに「（バーチャル）カンパニー制組織」があります。

法人登記上は分社化していませんが、社内的には「仮想子会社」として会計処理します。社内資本金を設定されるのがその最大の特徴です。事業部制の究極の形といえるでしょう。

事業部制には次のような長所があります。

> **! 用語**
>
> **カンパニー制**
>
> 1994年にソニーと三菱化学が相次いで導入した、日本独自の組織管理制度。B/Sの貸方を無利子債務、社内借入金、社内資本金、留保利益として運営する。

①権限の委譲により、意思決定のスピードアップが可能
②マーケットに接しているため、的確な意思決定ができる
③事業部長は経営者としての実戦訓練が得られる
④企業経営者がトップマネジメントに専念できる
⑤事業部長ならびにメンバーのモチベーションが向上する
⑥業績評価の可視化

一方、短所としては、以下があります。

①管理部門を各事業部に設置するため管理費用が増える
②「事業部利益」を尊重するあまり、全社の利益が損なわれる可能性がある

▶ 日本特有の「職能別事業部制」

日本では、事業部制のほかに、「職能別事業部制」と呼ばれる事例が多数導入されています。たとえば、製造事業部、営業事業部のように、従来であ

れば「部門」だったものを、事業部とするのが代表的な形です。

これは本来の事業部制とは目的が異なり、ともすれば「直接には売上に貢献していない部門」と見られがちな職能部門にも、「社内売上」の計上により独立採算の意識や、経営感覚をもたせることを目的としています。事業部間の取引には振替価格を使用します。

また、事業部制と同様の発想で作られた組織形態にミニプロフィットセンター制があります。これは、少人数の組織に利益管理に関する権限と責任を委譲し、独立した企業のように運営させる制度です。京セラのアメーバ経営がよく知られています。

権限と責任によって2種に分類

事業部制組織における事業部は、委譲される権限と責任によって、2種類に分けられます。

まず、利益管理に関する権限と責任を有している事業部を、プロフィット・センター（PC）型事業部と呼びます。PC型事業部の業績評価は、事業部の営業利益で測定されるのが一般的です。

利益管理に関する権限と責任に加え、それを獲得するための投資に関する権限と責任も有している事業部制を、インベストメント・センター（IC）型事業部と呼びます。IC型事業部の業績評価は、**一般的に投資利益率（ROI）、または残余利益（RI）**を用いて測定します。計算式は、それぞれ右のようになります。

補足ポイント

振替価格

事業部間で製品やサービスを流通させたとしても、財務会計上は売上の対象にはならない。当然、利益を計上することもできない。職能別事業部制では、事業部の業績を評価する上で、管理会計上の社内売上を計上し、事業部としての利益を可視化させる。

用語

アメーバ経営

数人から数十人で臨機応変に組織されるグループ（アメーバ）に、利益に関する権限と責任を委譲する制度。スタッフ部門はコストセンターとして取り扱われ、各アメーバはサービスに対するコストを負担する。

ROI ＝ 事業部利益 ÷ 事業部総資産
RI ＝ 事業部利益 － 資本コスト × 事業部総資産

> **！用語**
> **RI か ROI か**
> IC 型事業部を評価するには RI のほうがすぐれた指標だとされる。

実例

右の表のように A 地域と B 地域で事業を行なっている事業部があるとします。業績を評価する物差しとして ROI を用いた場合、A 地域から撤退するのが最良の選択という判断になってしまいます。

撤退によって事業部の ROI は現在の 15％から 20％に向上するからです。しかし事業部利益は 1,000 万円の減益となるのですから、これは企業価値を最大化しておらず、目標と合致していない（目標整合性に問題がある）ことは明らかです。

(単位：百万円)

	事業資産	利益	ROI	RI
A 地域	100	10	10％	4
B 地域	100	20	20％	14
事業部	200	30	15％	18

※資本コストも 6％としている。

投資で使われるさまざまな選択指標

一方、RI の場合は投資額（資産）に資本コストを課し、事業部利益から差し引いているので、投資効率と事業部利益を正確に反映することができます。数値がプラスであれば投資効果ありと測定できるからです。

近年日本ではではスターン・スチュアート社の登録商標である EVA を導入する企業が増えていますが、EVA は RI とほぼ同じものです。

> **！用語**
> **EVA**
> 米国スターン・スチュワート社の商標登録で、Economic Value Added の略。経済的付加価値と訳される。計算式は次の通り。
> EVA（経済的付加価値）
> ＝税引後利益 － 資本コスト × 投資資本

Lesson 3-12 事業部制における本社費の配賦

本社の費用の割り振り

▶▶▶独立採算の事業部制では本社にかかる費用を配賦する

事業部制では、各事業部ごとに利益管理を行ないます。ただし、独立採算制であっても、本社で発生する費用は事業部に配賦する必要があります。

 本社の費用は管理不能費

本社で発生する費用を現場（事業部）に計上してもよいでしょうか？

本社費は、各事業部にとっては**管理不能費**です。管理できない費用を負担するのは不自然と思われるかもしれません。

しかし、人事や総務、経理などの本社にある部門は、各事業部と無関係ではありません。そもそも本社費を配賦した上で各事業部は利益を確保しなければならないのです。

> **！ 用語**
> 管理不能費
> 責任者に管理する権限が与えられていない費用。本社費は本社の責任者である社長などの経営陣が管理する。

 一括配賦と個別配賦

本社費の配賦の方法は、次の2種類あります。
① 一括配賦
本社費の総額を配賦基準にそって各事業部に配賦します。配賦基準には、売上高や従業員数、人件費などがあります。
② 個別配賦
まず本社費を種類ごとに分けてから配賦基準を決めます。広告宣伝費は売上高基準で、設備費は

> **！ 補足ポイント**
> 複数の基準を用いた一括配賦
> 本社費の大半を売上高に、一部は従業員数に比例して配賦するといった、複数の配賦基準を使うこともあります。

投下した資本基準などのように分類します。

> **実例** Aという事業部が好況だったため、期中に業務の拡大をはかって本社がA事業部に特化した採用活動を行なった場合、その費用はA事業部にのみ配賦されます。これは個別配賦です。

▶ 配賦基準を決める際の注意点

「事業部内では黒字を達成したのに、本社の費用が不公平な基準で配賦されて赤字になり、業績評価が下がった」となれば、不満をもつ可能性があります。

そのため、配賦基準を明確にして不満が出ないようにしなければなりません。

> **！補足ポイント**
> **事業部への配慮**
> 事業部のリーダーには、明確な配賦基準と、どの程度の利益を上げればよいかの目安を伝えておく。

激わかる！ポイント　本社費の配賦の2つの方法

● 事業部制を採用している企業では、本社費を配賦する。その方法は、一括配賦と個別配賦の2つがある。

151

Lesson 4

戦略的意思決定に必要な管理会計の知識

経営の真髄は意思決定にあり。
現場や経営者の目線から意思決定の手法を身につけよう。

Lesson 4 Introduction マネジメントとは意思決定

複数案から最善の案を選ぶ

▶▶▶経営者・リーダーに必要とされる
ベストな案を選ぶ力

意思決定とは、複数の代替案から「最善の案」を選ぶことです。経営者やリーダーは、現場からつねに決定を迫られているため、この能力が欠かせません。意思決定のプロセスと重要性、手法例を説明します。

▶ 意思決定の4つのステップ

管理会計では意思決定という言葉が頻繁に登場します。

複数の代替案から最善のプランを選ぶ能力は、経営者だけに必要なものではありません。部下からつねに判断を仰がれる立場にある管理職にも欠かせない能力なのです。

意思決定には、次の4つのステップがあります。

最善の案を選ぶには、まず目的や問題点を理解する必要がある。

④最善の案を選ぶ
（意思決定する）

③代替案を評価する

①をふまえた基準を定め、会社にとって必要かどうかを検討する。

②代替案を探す

①目的・問題を明確にする

この4つのステップのうち、もっとも重要なのは第3ステップです。複数ある案のそれぞれについて、損益計算、効率、効果など、さまざまな面から評価する必要があるからです。

　意思決定する際に大切なのは、複数ある案の是非を決める基準を明確にすることです。

　決定権をもつ者の判断基準や重視する項目、価値観など評価のしかたにより、意思決定の判断は変わってきます。

実例

　損失が出たある事業に対して、「損失が出たから撤退だ」と判断するA部長と、「この程度の損失でよかった。継続しましょう」と判断するB部長がいます。2人が同じ会議に参加したら、話はかみ合いそうにありません。

　では、2人の違いは何でしょうか？　それは判断基準でしょう。A部長の判断基準は、損失の有無です。損失が出ないことに対して、損失が出たことを「撤退だ」と判断していると考えられます。

　B部長の判断基準は、損失の額です。損失が少ないため、継続すべきと結論づけているわけです。

　以上のことから、2人の判断は事業の評価について「何を基準に評価するか」の違いであることがわかります。

▶ **評価に必要な基準**

　判断基準が異なっていれば、議論は平行線をたどるばかりで結論が出ません。そこで、複数の人との意思決定には、その事業の目的や現在抱えて

いる問題点を明確にし、代替案の是非を評価する判断基準を定めておくことが肝心なのです。

判断基準が明確になっていれば、会社にとって最適な選択ができるのではないでしょうか。

管理会計の知識が必要な場面

先の「事業の継続か撤退か」の例であれば、その事業の損益計算書は必要ですが、それはあくまでも過去と現在の業績を示すものであって、その事業から撤退したらどうなるのかという将来の姿を示すことはできません。

未来のことを判断する際に必要となってくるのは財務3表を読みこなす能力だけでなく、意思決定の目的を明確にし、財務3表などから得た情報をもとに将来の会社の姿を具体的に示す能力でしょう。

そのために、管理会計の知識や手法を身につける必要があるのです。

その投資が得か損かを判断する経済性評価

新規事業の立ち上げや新店舗の開設など、企業の投資に関する意思決定の際に役立つ手法を紹介します。

そのひとつが**経済性評価**という手法です。簡単にいえば「その投資は得か損か」の判断。提案された代替案に目を通した経営者やリーダーが、その中でどれがもっとも投資効果があるのかを評価する際に使われます。

投資効果を最優先するのであれば、「A案は、投資金額は大きいが効果は小さい」「B案は、投

> **補足ポイント**
> **管理会計では未来予測はできない**
> 管理会計には「今より景気がよくなる」「個人消費が伸びるかもしれない」といった未来のことを予測する手法はない。

A案
投資金額　大
投資効果　小

B案
投資金額　小
投資効果　大

C案
投資金額　小
投資効果　小

選ぶ

資金額は小さいが効果は大きい」「C案は、投資金額も効果も小さい」といった分析をした結果、B案を選ぶことができます。

実際に例を挙げて説明します。

実例

売上が低迷している店舗をてこ入れする方策として、「店舗を改装する」という改善策が出ました。

店舗の改装費用は、1,000万円かかります。この改装によって毎月の売上高が、現在の500万円から1割アップすると見込まれているとします。改装による投資額の1,000万円が回収できるのは、20カ月が経過した後となります。

ここでの意思決定は、「改装する」か「改装しない」かです。

経済性評価のポイントになるのは、「投資額の回収に20カ月かかる」ということでしょう。「回収に時間がかかりすぎ」と判断すれば改装しないという意思決定となります。

また、「売上が1割増加する程度なら改装しないが、2割増加するなら改装を検討する」と考えることもあります。

管理職やリーダーは、経済性評価をもとに代替案を見極め、最善の案を選ぶことが求められています。

激わかる！ポイント　意思決定における要点

●経済性評価の手法を用いて判断基準を明確にした上で、最善の案を選ばなければならない。

Lesson 4-1 機会原価

意思決定で考慮する原価

▶▶▶採用しなかった代替案のうち
利益が最大となるもので損得を計算

経営者やリーダーは、複数の代替案の中から最善の案を選ばなければなりません。このとき、採用しなかった案についても考える必要があります。

▶ **複数の代替案で見る機会原価**

まずは、事例で考えてみましょう。

> **実例**
>
> 自動車部品Aを製造・販売するS社は毎月2,000万円の利益を得ています。
>
> AのほかにB〜Dにという3つの製品を製造・販売するという案がありました。
>
> 製品B〜Dをそれぞれ製造・販売した場合は、次のような試算となります。
> - 製品B＝月／1,700万円
> - 製品C＝月／1,500万円
> - 製品D＝月／1,400万円

上のような試算を経て、S社はAを選択しました。

このAについてだけで単純に考えると利益は2,000万円ですが、意思決定の場面においては、別の考え方で利益を計算します。

利益が最大となる代替案が機会原価

左ページの例のような場合、管理会計では**機会原価**の考え方で利益を計算します。

機会原価とは、採用しなかった代替案の中で利益が最大になるものです。

S社の場合、製品Bの1,700万円が機会原価です。そして機会原価にもとづいて計算したときの利益は、次のような計算になります。

$$2,000万円（Aの利益）- 1,700万円（機会原価）= 300万円$$

もしS社が製品Cを製造・販売していた場合、機会原価はAの2000万円。このときの利益は次のように計算されます。

$$1,400万円 - 2,000万円 = -600万円$$

600万円の損失です。このような損失を**機会損失**といいます。

意思決定では、比較する代替案との差額、つまり損得をふまえた判断が必要となるのです。

> **!補足ポイント**
> **機会原価は実際の損益ではない**
> 機械損失は、代替案同士で見た場合の損失なので、財務会計においては認められない。当然、損益計算書などにも記載されることはない。

激わかる！ポイント　機会原価を考慮する

- 管理会計では、「意思決定の際に採用されない案のうち利益が最大のもの」を原価とし、採用した案との差額で損得を考える。

Lesson 4-2 埋没原価（サンクコスト）
意思決定で考慮しない原価

▶▶▶ 意思決定以前に支払った費用で
意思決定によって変化しないもの

　管理会計における費用の考え方で、忘れてならないのが、**埋没原価**（サンクコスト）です。意思決定をする際に間違った判断を下す可能性があるため、注意しておく必要があります。

▶ 意思決定に影響を与えない原価

　企業経営ではさまざまな意思決定をしますが、とくに投資において、すでに支払うことが決定、あるいは支払い済みでその後の意思決定に影響を与えないものがあります。それを埋没原価といいます。

> **! 補足ポイント**
>
> **無関連原価**
>
> 埋没原価のように、意思決定の際に考慮しない原価を「無関連原価」という。意思決定の際に考慮する原価は「関連原価」という。

実例　家電メーカーのM社は小型加湿器Xを製造・販売し、毎月5,000万円の売上を計上しています。Xの材料費として、1カ月当たり1,500万円がかかっています。

　そして労務費やその他もろもろの原価を引いて考えると、利益は毎月1,000万円出ていました。

　あるとき、Xの材料をこれまでの約半分である1カ月当たり800万円で仕入れることができるルートを見つけました。

　ところが、1,500万円で買っている仕入先に、すでに手付金として1年間分の6,000万円を前払いしてしまっています。月当たりにすると500万円です。そして契約上、この手付金は払い戻しできません。さて、M社は仕入れ先を変更すべきでしょうか？

ポイントは、6,000万円がすでに支払い済みで、今後どちらのルートで材料を仕入れても返済は不可能な点にあります。
　どちらを選択してもすでに支払った月500万円分が変わらないなら、仕入れ先を決める意思決定で、この金額は考慮しません。

▶ **埋没原価は無視する**

　図で表すと、次のようになります。

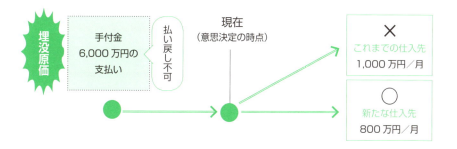

　従来のルートで材料を仕入れると、残りの費用は月当たり1,000万円。新しいルートは800万円なので、200万円を浮かせることができます。こうして、新しいルートから仕入れるのが適切だと判断できます。
　従来のルートで仕入れるにあたり、すでに月当たり500万円、1年分で6,000万円を支払っています。「すでに支払った金額がムダになるからこのまま仕入れるのがよいのではないか？」という心理が働くかもしれません。
　しかし、実際にはどちらを選択しても支払ってしまったものなので、考慮する必要がないのです。

Lesson 4-3 手余りと手不足
生産余力から見た機会の損得
▶▶▶生産設備と従業員数と需要の関係で損得が変わる

　機会原価に関連し、経営者やリーダーが製造にかかる意思決定を行なううえで、損得を考えるときに知っておかなければならないのが、**手余り**と**手不足**の概念です。

▶ 生産力の余裕を示す手余りと手不足

　生産設備や従業員は、製品の需要が変わっても、すぐにその数を増やしたり減らしたりすることはできません。

　企業の生産設備や従業員数が需要を上回っている状態が手余りです。反対に、需要が生産設備や従業員数を上回っているのが手不足です。

　手余りの状態では、設備や従業員数をいくら増やしても需要がないため利益は増えません。

> **!補足ポイント**
> **手余りの場合に利益を増やす方法**
> 製品の販売量を増やす、設備や人員をほかの目的に転用して効率化する、設備や従業員を減らしてコストを削減することなどが求められる。

実例　文具メーカーのJ社がボールペンFを毎月1万本製造・販売しているとします。価格は1本当たり1,000円。材料費は1本当たり300円、1本当たりの固定製造原価は200円、労務費は250円で、1本当たりの利益は250円です。たとえば不良品の損失を考える場合、手余りと手不足で計算が変わってきます。

　手不足の場合は、設備や従業員数を増やすことが利益拡大につながります。

不良品が1本発生した場合、以下のようになります。

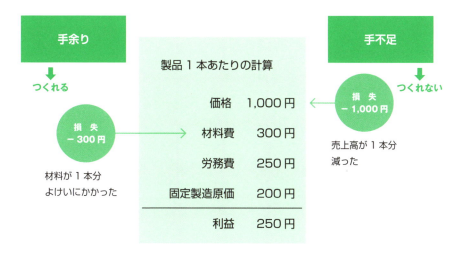

　手余りの場合、固定製造原価と労務費は、製品が1本増えてもその総額は変化しません。増える費用は材料費だけですので、1本で300円の損失となります。

　手不足の場合、不良品が出ても新しい製品を製造する余裕がありません。売れるはずの製品が1本減ったことになりますので、損失は価格に相当する1,000円になります。

　このように不良品が出た場合、手余りと手不足で損失額が変わってきます。

> **! 補足ポイント**
>
> **手不足は損失大**
> 一般的に製造原価が価格を上回ることはないため、手不足のほうが損失額は大きくなる。

激わかる！ポイント　　手不足の損失

- 生産設備や従業員数に余裕がない「手不足」の場合、不良品が出たときは製品の価格分の損失となる。

Lesson 4-4 限界利益
売上高から変動費を引いた「粗利」

▶▶▶撤退の意思決定時に考慮すべき利益

利益が出ない製品は、撤退を検討しなければなりません。この意思決定の際に判断材料として使われるのが**限界利益**です。

限界利益とは「粗利」のこと

管理会計において、粗利のことを限界利益といいます。
この限界利益は、次のように計算します。

> 限界利益＝売上高－変動費

また、1単位（個、kgなど）当たりの限界利益も同様に、単価から1単位当たりの変動費を引いて求めます。

128ページで登場した単価5,000円の衣類Aを例に挙げると、Aの1個当たりの変動費は3,000円でしたので、限界利益は2,000円となります。

どの製品を残すかの判断に重要な限界利益

限界利益は、各製品の収益性を明確に示します。つまり、限界利益の高い製品を残し、低い製品

!用語

収益性

企業がどれだけ効率よく利益を出すかを示す概念。収益性が高いとは、少ない人員や資本から多くの利益を出している状態をいう。

やマイナスになっている製品から撤退するといった意思決定の場面で活用できます。

> **実例**
>
> 　Aと同じ会社が製造する製品で単価が7,000円、固定費は50万円、1個当たりの変動費が6,000円の子ども服Bをもとに考えてみましょう。限界利益は以下のようになります。
>
> 　　　　限界利益 = 7,000 − 6,000 = 1,000 円
>
> 　つまり、先に説明したAの限界利益（2000円）よりも低いことから、収益性が低いということがわかります。

　このように2製品の限界利益を比べてみることで、どちらの製品が収益性が高いかが明確にわかります。

　会社が利益を出すためには収益性の高い製品を重点的に製造・販売することが重要です。限界利益の低い製品は、変動費を削減するなどして限界利益を高める努力が求められます。

　こうした努力をしてもなお、改善がみられなければ、その製品の製造・販売をやめる選択肢もありえます。

> **！補足ポイント**
>
> **事前にも判断できる**
>
> プロジェクト開始前に試算して、利益が出ないと判断されればプロジェクト全体を見直すことを考える必要がある。

激わかる！ポイント　収益性を測る限界利益

● 限界利益は、売上高から変動費を引いたもの。この数値が低い製品は収益性が低く、場合によっては撤退も考える必要がある。

Lesson 4-5 限界利益率

売上高に対する限界利益の割合

▶▶▶高めるには変動費の削減や
販売単価を上げる必要がある

売上高に対する限界利益の割合を表わすのが**限界利益率**です。この限界利益率を高めることが、収益性の高いプロジェクトの実現につながります。

▶ 売上高に占める限界利益の割合

限界利益率とは、売上単価に対する限界利益の割合を表わす数字です。限界利益率を求める計算式は、以下のようになります。

> 限界利益率＝限界利益÷売上単価

実例

単価5,000円の衣類Aを例に説明します。Aの1個当たりの限界利益は2,000円。上の式に当てはめると、以下のようになります。

2,000 ÷ 5,000 ＝ 0.4（40％）

また、165ページで見た子ども服Bは、単価7,000円、1個当たりの変動費が1,000円でした。Bの限界利益率は、以下のように計算します。

1,000 ÷ 7,000 ＝ 0.14（14％）

限界利益率は高いほど収益性が高い製品であることを示します。同じ数量だけ売れる製品があるなら、限界利益率の高い製品を多く売るほうが利益が出やすくなります。

▶ 限界利益率から損益分岐点売上高を求める

なお、限界利益率がわかると、「1単位（個など）当たりの限界利益で、固定費をどの程度まかなうことができるか」がわかります。この計算によって求められるのは**損益分岐点売上高**です。

計算式は、以下のようになります。

損益分岐点売上高＝固定費÷限界利益率

▶ 限界利益率を高める方法

製造業において、限界利益率を高める方法は、大きく分けて2つあります。
①変動費を削減する
②販売単価を上げる

ただし、これは簡単なものではありません。値上げをして売れなくなっては、元も子もなくなってしまいます。値上げに伴い製品の機能を高めるなどの工夫が必要です。

> **！活用ポイント**
> **変動費の削減方法**
> 変動費を削減するには、材料を安く仕入れる、材料を大きなロットで仕入れて単価を下げる、工場の光熱費を節約する、など。144ページ参照。

激わかる！ポイント　限界利益率の要点

● 売上高に対する限界利益の割合が限界利益率。限界利益率が高いほど収益性が高いといえる。

Lesson 4-6 企業価値
企業の売買価格

▶▶▶将来のキャッシュフローの現在における価値のこと

会社に値段をつけたものが**企業価値**です。将来のキャッシュフローを予測し、それをもとに算出する方法が一般的です。この企業価値は、経営状態を評価する指標として、投資家や経営者が活用しています。

▶ 企業の価値の測り方

経営者が目指すべきことは何か。その答えはさまざまでしょうが、「企業の価値を高めること」と考える人も多いでしょう。

問題は、何をもって「企業の価値」とするかです。その価値観は時代によって変わってきました。

決算書に記載された利益を企業の価値とするという考え方は根強くあります。利益を稼ぐ効率の良さに着目し、**投資利益率**（ROI）が重視されたり、市場シェアや事業規模の大きさに価値を置いた時代もありました。

> **！用語**
> **投資利益率（投下資本利益率）**
> 投下した資本が効率的に利益を上げているかどうかを表わした指標。英語では Return On Investment、「ROI」と略さる。計算式は次のとおり。 ROI ＝利益÷｛（期首総資本＋期末総資本）÷2｝×100

これまでの尺度

- 利益が多い
- 総資本が多い
- 売上高が多い
- 市場シェアが大きい
- 投下資本利益率が高い

→ 過去の収益力で評価されていた

かつて、「いい会社」と呼ばれた企業の特徴

注目される企業の資産価値

そして近年、企業の価値を表わす指標として中心的な役割を果たしているのが「企業価値（Enterprize Value、EV）」です。

これは企業の資産価値を表わす指標で、より平易な表現をするなら、企業の売買価格ということもできます。

企業価値が注目されるようになった背景には、まずM&A（Mergers and Acquisitions、合併と買収）の増加があります。

M&Aでは、出資比率や買収価格などを決めるために、合理的な根拠にもとづく企業価値の測定が求められたのです。

また、企業の資金調達方法が間接金融中心から直接金融中心へと変化したことも背景の1つです。企業の経営は株主利益を重視する必要に迫られ、株価を上昇させることがより強く求められています。

そして、企業価値は、株価など株主利益と比例する指標として注目されているのです。

> **!用語**
>
> **間接金融と直接金融**
>
> 銀行などが介在し、集めた預金を企業に融資する形態を間接金融という。それに対して、投資家が株式や債券によって直接企業に投資する形態を直接金融という。

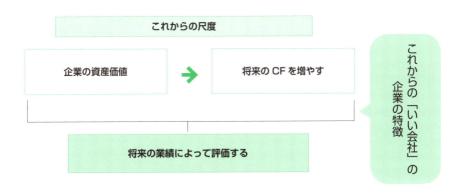

将来のFCFを現在価値に換算

企業価値は次の順に測定します。
① 現在の業績や将来の事業計画を根拠に、将来の**フリーキャッシュフロー**（FCF）を予測します。
② その上で、その将来のFCFを現在価値に換算したものが企業価値となります。換算の際に使用する係数を割引率と呼びます。

> **⚠ 用語**
> **フリーキャッシュフロー（FCF）**
> 企業のキャッシュフロー（CF）である「調達」「投資」「回収」「返済・分配」のうち、「回収」と「投資」のCFを合わせたもの。

その計算式は以下のようになります。

$$企業価値 = \frac{FCF_1}{(1+割引率)} + \cdots\cdots + \frac{FCF_n}{(1+割引率)^n}$$

また、企業価値の基本的な考え方は、次のようにもいえます。

$$企業価値 = 負債価値 + 株主価値$$

> **⚠ 用語**
> **割引率**
> 将来の価値を現在の価値に換算するときに、どれくらい割り引くべきかを表わした率のこと。今、手元にあるお金は投資機会があれば増やすことができるという考え方に基づいている。

株主価値とは、株主からどれくらいお金を預かっているかを意味します。

一方、負債価値とは、借入金や社債などの合計を指し、株式以外の方法でどれくらいのお金を債権者（金融機関なども含みます）から預かっているかを表わしています。

市場に株式が公開されている企業の場合、株主価値と時価総額（発行済株式数×株価）は、理論的には等しくなります。

負債価値と負債は、ほぼ同じ額になりますが、社債がある場合は時価になるので負債価値も変動します。

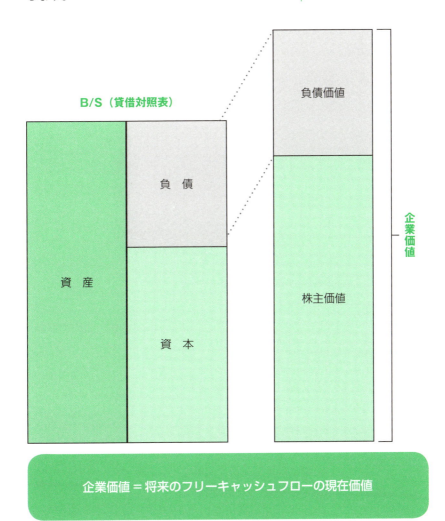

企業価値＝将来のフリーキャッシュフローの現在価値

　上の図のように、株主からの資本金（発行済株式数×株式発行価格）と銀行からの融資で、左側のような貸借対照表ができたとします。

今、将来のFCFを予測し、現在価値に置き換えて企業価値を測定したところ、図の右側のように、貸借対照表の資産より大きい値が算出されたとします。この企業価値から負債価値を差し引いたものが株主価値となるわけです。

　この株主価値を発行済株式数で割ったものを**理論株価**と呼びます。計算式に直すと次のようになります。

> 理論株価＝株主価値÷発行済株式数

　たとえば、ある企業が株式を公開していて、理論株価をはるかに上回る株価がつくこともありえます。よく「バブル」などという現象です。

　公開していない株式を売買するのであれば、理論株価が株価の基準になります。

▶ 継続価値と清算価値

　将来のFCFの現在価値で測定した企業価値は、当然のことながら、その企業が事業を継続させ、存続していることが前提条件です。このような企業価値を**継続価値**といいます。

　実際に取引されている株価と理論株価を比較することで、企業価値の測定精度をより向上させることができます。

　これに対して、企業を存続させない前提で企業価値を測定する場合があります。このような企業価値を**清算価値**といいます。もし今、その企業を解散し、清算したら、どれくらいの価値があるの

! 補足ポイント

継続価値の測定方法

継続価値の測定には、ほかに市場に公開されている株価をもとに測定する方法がある。株式が公開されていない企業の場合であっても、規模や業種など、類似している企業をピックアップし、その時価総額を参考にして株主価値を類推する。

かという視点で計算していくのです。

実例 土地、機械・設備や棚卸資産など、貸借対照表に記載されるすべての資産を現在の時価で売却し、売掛金や買掛金などの債権債務をすべて整理する試算をします。その結果、手元に残る現金の額（純資産の部分）が清算価値となります。

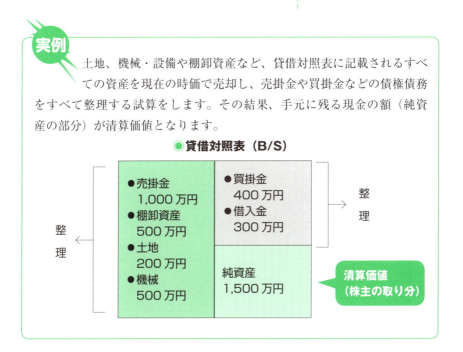

●貸借対照表（B/S）

通常、存続する企業価値の測定に清算価値を使うことはありませんが、ベンチャー企業のように将来のFCFを予測するのが困難な場合などには、清算価値を基準に売買価格や株価を決めることがあります。

また、含み資産の多い企業などは、買収のタイミングで継続と清算のどちらが経済的価値が高いかを検討する場合もあります。

激わかる！ポイント　企業価値の定義

● 将来のFCFを現在価値に換算したものが企業価値、すなわち企業の値段となる。

Lesson 4-7 フリーキャッシュフロー

回収と投資の CF の合計

▶▶▶借入金やその返済、増資・減資
支払利息などは含まれない

企業価値は、将来の**フリーキャッシュフロー**（FCF）の現在価値です。では、このFCFとはどういうものでしょうか。

▶ 出入りするお金の流れ

キャッシュフロー（CF）とは、一般的にお金（資金）の流れを指します。

また、キャッシュイン・フローからキャッシュアウト・フローを差し引いた金額のことを意味する場合もあります。

収入が多ければキャッシュフローの数値はプラスに、支出が多ければキャッシュフローの数値はマイナスになります。

つまり、キャッシュフローとは、実際にいくらお金が手に入ったかを表わしているということもできます。

> **！補足ポイント**
>
> **キャッシュフローの意味**
>
> 一定期間に流入するお金をキャッシュイン・フロー、流出するお金をキャッシュアウト・フローという。単にキャッシュフローといったときには両者の総称。

▶ 4つのキャッシュフロー

企業のキャッシュフローには、非常に多種多様のものがありますが、右の図のように**調達**、**投資**、**回収**、**返済・分配**の4つに大別できます。

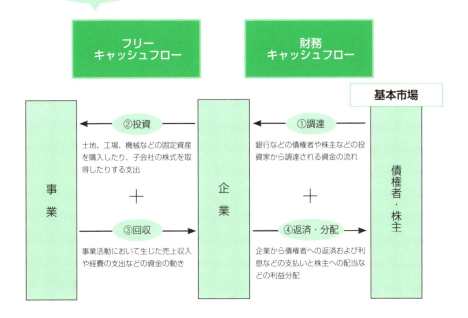

①調達のキャッシュフロー

企業は事業活動に必要な資金を債権者から借り入れたり、株主から出資を受けたりして用意しています。

このような投資家から企業への資金の流れを「調達のキャッシュフロー」と呼びます。これは、キャッシュイン・フローのみとなります。

②投資のキャッシュフロー

投資家から調達した資金を、企業は事業活動のために投資します。代表的なのは、固定資産（設備や機械など）や、子会社への投資です。この流れを「投資のキャッシュフロー」と呼びます。

通常は、企業から事業へのキャッシュアウト・フローとなり、負（－）の数値になります。

> **!補足ポイント**
>
> **「投資」でもプラスになる**
>
> 固定資産や子会社株式を売却し、キャッシュイン・フローがキャッシュアウト・フローを上回ったとき、投資キャッシュフローの数値が正（＋）になる場合もある。

③回収のキャッシュフロー

　事業活動では、売上による収入、経費支払いによる支出など、多種多様な資金が出入りしています。これら事業に関連するキャッシュフローを「回収のキャッシュフロー」と呼びます。

④返済・分配のキャッシュフロー

　企業が事業から回収した資金は、債権者への返済と利息の支払い、株主への配当金支払いなどにあてられます。これらを「返済・分配のキャッシュフロー」と呼びます。これは、企業にとってのキャッシュアウト・フローのみとなります。

　投資家と企業の間のキャッシュフロー、つまり「調達のキャッシュフロー」と「返済・分配のキャッシュフロー」を合わせて「財務キャッシュフロー」と呼びます。

FCFは投資と回収のCFの合計

　フリーキャッシュフロー（FCF）とは、前ページの図の「投資のキャッシュフロー」と「回収のキャッシュフロー」の合計です。

　つまり、事業活動によって得た利益から、設備投資などに使った金額を差し引いたものがフリーキャッシュフローということになります。

　企業が業績を伸ばしていくには、効果的な投資が必要です。投資を行なえば、一時的にフリーキャッシュフローは減少しますが、その効果が表われれば「回収のキャッシュフロー」が増加し、フリーキャッシュフローも改善していきます。

! 補足ポイント

キャッシュフロー計算書とは異なる

フリーキャッシュフローは、キャッシュフロー計算書の「投資のキャッシュフロー」と「営業のキャッシュフロー」との合計とは異なる。

Lesson4-7 フリーキャッシュフロー

フリーキャッシュフローの求め方

企業価値を測定するためには、将来のフリーキャッシュフローを予測する必要がありました。具体的にどのようにするのでしょうか。

まず予測財務諸表(損益計算書と貸借対照表)をつくります。フリーキャッシュフローの求め方には、下の図と次ページの図のように2つの方法が採られることが多いようです。

算定法①

```
　  当期純利益
＋) 非現金費用
－) 運転資本増分
－) 投資額
─────────────────
    キャッシュフロー
＋) 支払利息×(1－実効税率)
```
フリーキャッシュフロー

算定法①は、当期純利益をもとに計算する方法です。フリーキャッシュフローは、支払利息を差し引く前のキャッシュフローですので、当期純利益から算出したキャッシュフローに支払利息を加える必要があります。その際には、利子率に(1－実効税率)を掛けたものを加えます。

(単位:百万円)

	負債あり	負債なし
営業利益	100	100
支払利息	30	0
税引前利益	70	100
法人税など(30%)	21	30
当期純利益(税引後利益)	49	70

負債がなければ当期純利益は7,000万円

※「負債あり」の場合、負債は年利10%の借入金3億円とする。

177

負債がなければ、右側の「負債なし」列のように当期純利益は 7,000 万円です。

負債 3 億円（利子率 10％）があれば 3,000 万円の支払利息を支払い、当期純利益は「負債なし」に比べて 2,100 万円少ない 4,900 万円になります。この差額 2,100 万円は利子率 7％に相当します。これは 10％ ×（1 − 30％）で税引後の利子率に相当します。

これらの計算をまとめると、以下のようになります。

> **!用語**
> **実効税率**
> 企業の税引前利益に対して課税される法人税、住民税、事業税を総合したものを指し、日本の場合約 30％ となる。

支払利息　3 億円 × 10％（利子率）＝ 3,000 万円

負債がある場合の当期純利益（Ⓐ）
　　　　1 億円 − 3,000 万円（支払利息）＝ 7,000 万円
　　　　7,000 万円 − 2,100 万円（法人税など）＝ 4,900 万円

負債がない場合の当期純利益（Ⓑ）
　　　　1 億円 − 3,000 万円（法人税など）＝ 7,000 万円

ⒶとⒷの差額
　　　　7,000 万円 − 4,900 万円 ＝ 2,100 万円

税引後の利子率
　　　　2,100 万円 ÷ 3 億円 ＝ 7％

> 7％ は、10％ ×（1 − 実効税率）と同じ。これが税引前の利子率と税引後の利子率の関係を示している。

一方、算定法②は、営業利益をもとに求める方法です。回収キャッシュフローである営業外収益を加え、30％の実効税率を差し引きます。そこで求められたものを利子引前税引後利益（NOPAT）と呼びます。

> **!用語**
> **NOPAT**
> Net Operating Profit After Tax の頭文字を取ったもの。和訳は利子引前税引後利益率。

算定法②

```
   営業利益
＋）営業外収益
－）法人税など
─────────────
   NOPAT
＋）非現金費用
－）運転資本増分
－）投資額
─────────────
   フリーキャッシュフロー
```

それに減価償却費などの非現金費用を加えて運転資本増分と投資額を差し引けば、フリーキャッシュフローを求めることができます。

> **!補足ポイント**
>
> **算定法の違い**
>
> 算定法②は特別利益、特別損失のキャッシュフローが考慮されないため、算定法①のほうがすぐれている。

▶ フリーキャッシュフローを最大化する方法

最後に、フリーキャッシュフローを最大化するためのポイントを５つ紹介します。
①経常利益を増やすこと
②売上金を早期回収すること
③支払いを遅くすること
④税金をできる限り少なくすること
⑤設備投資を吟味して選ぶこと
　これらの努力によって、フリーキャッシュフローを改善すれば、事業は継続できるでしょう。

激わかる！ポイント　フリーキャッシュフローの要点

● 企業価値を測定するときは将来のフリーキャッシュフローを予測する。その算定法は２種類ある。

Lesson 4-8 資本コスト
投資家が最低限必要とする利益率

▶▶▶資金の時間的価値を計算する場合は割引率と呼ばれる

企業が資本を調達し、維持するのに必要なコストを**資本コスト**といいます。株主に対する配当金や債権者に対する支払利息などが該当します。投資家側から見れば、期待する利回り率といえます。

▶ 企業の大命題

資金調達方法が直接金融中心になったため、投資家から期待されるリターン（収益率）を実現することが、企業にとっての大命題になりました。

もしも期待したリターンが得られなければ、株主が出資を取りやめたり、債権者が即時一括弁済を求めたりするかもしれません。

そのリターンは、企業にとって必ず支払わなければならないコストだといえます。これが「資本コスト」という名称の所以です。

資本コストは、「最低限必要な投資利益率」と定義され、通常はパーセントで表わします。

▶ 資本コストは割引率として活用される

企業価値を測定する際にも、資本コストを使います。将来のキャッシュフローを現在価値に換算する割引率として、資本コストを用いることがあります。

また、一般的にお金には時間的価値があります。

> **!補足ポイント**
> **投資家から見た資本コスト**
> 投資家（株主や債権者）から預かったお金を、1年間でどれだけ増やせるか、その最低限の利回り率が資本コスト。

この時間的価値について、次の例で説明します。

> **実例**　資本コストが20%であるX社はAの図のように、100万円が1年後に120万円になります。これがお金の時間的価値です。
>
>
>
> では、同様に資本コストが20%のX社が来年110万円の価値である場合、現在の価値はいくらになるでしょうか。資本コストは20%ですから、Bの図のように計算します（1 + 0.2で割る）。
>
> B　来年　→　今年
> 　　110万円　　　?万円
>
> 110 ÷ 1.2 = 92万円
>
> これを、割引計算といいます。また、資本コストの20%は割引率とも呼ばれます。

では、X社に投資額100万円で、投資利益率5%の投資案があったとします。計算すると、現在の価値は以下のようになります。

100万円 ÷ 1.05 = 105万円

つまり、120万円を下回るので、この案は採用されません。

Lesson 4-9 加重平均資本コスト
企業の資本コストの計算方法

▶▶▶ 負債のコストと株主資本のコストを比率に応じて加える

企業の資本コストを計算する際には、株主資本コストと負債コストという異なる2つのコストが必要となります。このとき、株主資本コストと負債コストの**加重平均**を用いるのが一般的です。

▶ 資本コストの加重平均

資本コストは、「(投資家が) 最低限必要な投資利益率」のことでした。投資家には株主と債権者があり、それぞれ求めるリターンが違います。

そこで、株主の資本コストと債権者の資本コストを加重平均して、企業の資本コストを求める方法が多く用いられています。

そのようにして算出した資本コストを**加重平均資本コスト WACC**(Weighted Average Cost of Capital・ワック)と呼び、次の計算式によって求めます。

$$\text{WACC} = \text{Re} \times \frac{E}{D+E} + \text{Rd} \times (1-t) \times \frac{D}{D+E}$$

この概念を示した図は右のページの通りです。例を挙げて説明します。

> **! 用語**
>
> 加重平均
>
> 比率を加味して平均すること。たとえば、負債Aが元本100万円・利子率10％、負債Bが元本300万円・利子率20％だった場合、利子率の加重平均は以下のようになる。
> (10％×100＋20％×300)
> ÷(100＋300) ＝ 17.5％

> **! 用語**
>
> 試算式で使われる語の意味
>
> D：負債の時価(≒簿価)
> E：資本の時価
> Rd：負債のコスト
> Re：(株主) 資本のコスト
> t：実効税率

加重平均資本コスト

D：負債の時価（≒簿価）
E：資本の時価
Rd：負債のコスト
Re：（株主）資本のコスト
t：実効税率

実例 下のような資本状況のA社を例に、加重平均資本コストを計算します。

有利子負債（銀行から借入金）	2億円
負債資本コスト（借入金の利子率）	3%
株主資本時価	1億円
株主資本コスト	6%

（実効税率は30%）

前ページの式に当てはめると、A社の加重平均資本コストは以下のようになります。

$$\text{WACC} = 0.03 \times \frac{1}{(2+1)} + 0.06 \times (1 - 0.3) \times \frac{2}{(2+1)}$$
$$= 0.038 \ (3.8\%)$$

▶ 株主資本コストは市場の株価から計算

ここで難しいのが「Re」、株主資本コストです。非公開の、少数の株主が出資している会社であれば、株主一人ひとりから最低限必要な投資利益率を確認できるかもしれません。

しかし、株式を市場に公開している場合は、株主の人数があまりに多く、それ以前に株主が頻繁に入れ替わるため、聞いて回ることはできません。

そこで、市場での株価の動きなどから株主資本コストを計算によって導き出す方法が採られます。代表的なのが**資本資産評価モデル**（**CAPM** Capital Asset Pricing Model・キャップエム）です。

CAPMの詳細については本書では掘り下げませんが、当該株式のリスク、株式市場全体のリスク、長期国債のようなリスクがない投資の利率など、実際の市場動向を考慮した計算式から推計するものです。

> !補足ポイント
>
> **CAPM**
>
> $Re = (Rm - Rf)\beta + Rf$
> 「Re」は株式の期待利益率、「$(Rm - Rf)\beta$」はリスク・プレミアム、「Rf」はリスクフリー・レートを表わしている。

▶ 株主資本コストはリスクが決める

リスクという言葉には注意が必要です。

投資においてリスクとは、「投資利益率の不確実性」を意味します。一方、リターンは、投資利益率の平均値を指します。

つまり、ハイリスク・ハイリターンとは、投資利益率の変動の大きい投資機会ほど、期待される投資利益率は高くあるべきだという意味です。

そうでなければ、投資する人は誰もいなくなり、株式は商品として成立しなくなります。

CAPMによって算出される株主資本コストは、株価変動の大きい企業ほど、高い投資利益率が期待されることになります。

> !補足ポイント
>
> **リスクの意味**
>
> 一般には「危険性」という意味で使われるが、投資においては少しニュアンスが異なる。

▶ ローリスク・ローリターンの価値

ローリスク・ローリターンの投資機会には価値がない、とはいえません。

現在、普通預金の利子率は非常に低くなっていますが、預金（投資）する人はいます。

リスクが小さければ、たとえ投資利益率が低くても、投資機会として成立するのです。

▶ 負債コストは債権者への利子率と同じ

市場動向をもとに複雑な計算を必要とする株主資本コストに比べると、負債コストは基本的に債権者への利子率と同じであるため、考え方としては比較的シンプルです。すべての負債の利子率の加重平均を用います。

企業によっては負債の内容が多岐にわたるので、企業全体としての利子率は刻々と変化しています。正確な測定のためには、どう取り扱えばよいのか迷うかもしれません。

しかし、過去のデータの細部にまでこだわる必要はないといえるでしょう。なぜなら、利子率の微妙な差が資本コストの計算結果に与える影響は小さく、さらに必要とされるのは将来、数年後の予定利子率なので、もともと誤差があるのが前提だからです。

▶ 加重平均から除外する負債

貸借対照表上の負債には、有利子負債以外の負債もあります。このうち営業債務と呼ばれる、支払手形や買掛金といった無利子の負債については、加重平均から除外するのが一般的です。

退職給付引当金も無利子の負債ですが、こちらは加重平均に含む必要があります。この場合の利子率は、測定が難しいため、ほかの負債と同じくらいにするのが妥当と思われます。

> **! 用語**
>
> **退職給付引当金**
>
> 退職給付債務と、年金資産等との差額を算出し、積立不足分があれば、貸借対照表の負債の部に退職給付引当金として計上することが義務づけられている。

WACC の公式に実効税率がある理由

さて、WACC の公式で負債コストに「$1 - t$（実効税率）」を掛けたのはどうしてでしょうか。

その理由は、株主資本コストは税引後で計算しているのに対し、負債コストは税引前になっており、それを税引後の利子率にするためです。

実例 B 社の損益計算書が下の図の「負債あり」の列のように年利 6% の負債が 5 億円あり、支払利息として 3,000 万円を計上していたとします。もし、B 社が無借金経営をしていたとすれば、損益計算書は下の図の「負債なし」の列のように支払利息がゼロになります。

B 社の損益計算書

（単位：百万円）

	負債あり	負債なし
営業利益	100	100
支払利息	30	0
税引前利益	70	100
法人税など（30%）	21	30
当期純利益（税引後利益）	49	70

← 支払い利息ゼロ（無借金経営）

※「負債あり」の場合、負債は年利 6% の借入金 5 億円とする。

税引後の利子率は次のような式で計算します。

$$税引後の利子率 = \frac{負債なしの場合の税引後利益 - 負債ありの場合の税引後利益}{借入金}$$

B社の例で計算します。まず負債ありと負債なしの税引後利益の差額を計算します。

$$7,000\text{万円} - 4,900\text{万円} = 2,100\text{万円}$$

上記のようになり、負債ありの場合は、負債なしの場合よりも税引後利益が2,100万円少なくなっています。

負債が5億円あることによって、税引後利益が2,100万円減少したのですから、それが税引後の場合の支払利息になります。

この支払利息をもとに利子率を以下のように計算します。

$$2,100\text{万円} \div 5\text{億円} = 4.2\%$$

この4.2%は、税引前の利子率6%に「1－実効税率30%」を掛けて求めることができるのです。

$$6\% \times (1 - 30\%) = 4.2\%$$

激わかる！ポイント　加重平均資本コストの要点

- 加重平均資本コストは、株主資本コストと負債資本コストの加重平均で、資本コストの計算方法の1つ。

Lesson 4-10 意思決定問題のタイプ

投資案の相互関係の分類

▶▶▶ 問題のタイプに応じた選択指標が必要となる

意思決定を必要とする問題を**意思決定問題**といいます。この意思決定問題にはタイプがあり、それぞれに適切な解決法があります。

▶ 意思決定の3つのタイプ

経営者は意思決定問題に直面したとき、その経済性を的確に見積もり、合理的な決定を行なうことが求められます。とくに重要なのは、意思決定問題のタイプを見極めること。問題のタイプに応じて、的確な方法で選択を行なうことが大事です。

たとえば、以下で考えてみましょう。

●意思決定問題と選択の指標

	現在	→	1年後	1株購入するとき	1万円分購入するとき
A社の株価	100円/株	→	150円/株 (+50%)	+50円	+5,000円 （得）
B社の株価	1,000円/株	→	1,100円/株 (+10%)	+100円 （得）	+1,000円

- A社の株
 1万円分＝100株×100円
 ➡1年後に **15,000円** になる
- B社の株
 1万円分＝10株×1,000円
 ➡1年後に **11,000円** になる

1株当たりの金額で見るとB社が得ですが、1万円分購入する場合は上昇率の高いA社が得です。このような投資の問題によって、「額」か「率」かの選択指標が変わります。

一般的に、意思決定問題は①独立案、②排反案、③混合案の3つに分けることができます。

①独立案

複数の案がそれぞれ互いに独立していて、1つの投資案の選択が、別の投資案の選択に影響を与えない投資案を**独立案**と呼びます。

> **実例**
> 自動車メーカーのQ社で各工場の工場長の希望を提案させました。A工場では新規機材の導入、B工場では増員、C工場では機械の買い替えの希望が提出されました。この場合は、それぞれを別に検討する独立案となります。

制約の有無	①独立案
	案件を独立して選択できる

- A工場 — Yes / No
- 互いに独立 ↕
- B工場 — Yes / No
- 互いに独立 ↕
- C工場 — Yes / No

3つの案は一つひとつに対して、選択するか、しないかを判断できます。つまり、3つすべてを選択することも、すべてを選択しないことも、また、どれか1つ、あるいはどれか2つを選択することもできる状況です。

> **！活用ポイント**
> **制約のある独立案に注意**
> 投資資金に上限がある場合には、すべての投資案を選択できないということがある。その結果、制約がない場合とは違う選択になることがありえる。

②排反案

　排他的に1つしか選択できない意思決定問題を「排反案」と呼びます。

実例　新商品を製造する機械と型枠を導入するとき、A社、B社、C社のうち1社から購入するようなケースが排反案となります。1社を選択すれば、ほかの2社は選択できなくなります。

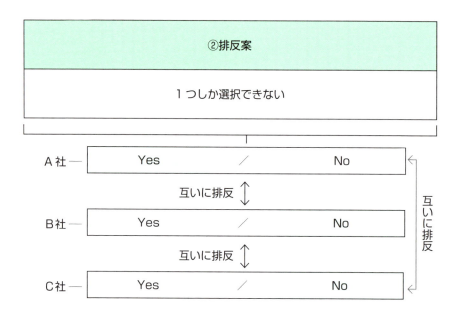

　ある案を選択することが、ほかの案の選択に影響を与えるケースです。

　もし代替案のうち1つを選択すれば、ほかは選択することができません。

③混合案

独立案の中に排反案が含まれている意思決定問題を「混合案」と呼びます。

実例
3つの工場で老朽化した製造機械の入れ替えを行なう場合、まずそれぞれの工場でA社かB社のいずれのメーカーから購入するかを工場長が意思決定します。その後、各工場の投資案が本社に集められて、あらためて役員が投資を実行するか意思決定するとします。

メーカーの選定は排反案で、どの工場に投資を行なうかを決めるのは独立案になります。これが混合案です。

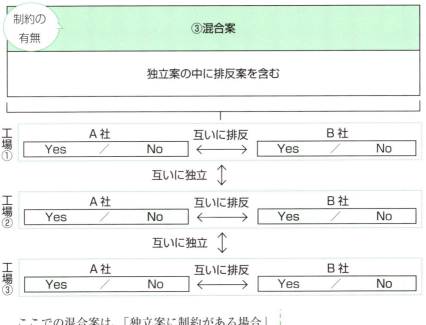

ここでの混合案は、「独立案に制約がある場合」を扱います。

▶ 正味現在価値（NPV）法で判断する

　意思決定問題を解決するための、もっとも基本的な手法が**正味現在価値（NPV）法**を使うものです。計算式は次のようになります。

NPV＝キャッシュイン・フローの現在価値−キャッシュ・アウトフローの現在価値

　投資によって見込まれる収入を現在価値に置き換えたものから、支出を現在価値に置き換えたものを差し引いたものが、正味現在価値（NPV）です。NPVがプラスになれば投資の効果があり、NPVがマイナスであれば投資に値しません。

　では実際に、意思決定問題タイプ別に問題を解決してみましょう。
　比較的簡単なのが排反案です。投資案が複数あっても選べるのは1つなので、それぞれのNPVを算出し、プラス案の中からもっともNPVの値が大きい投資案を選択すればよいのです。
　また、制約のない独立案の場合、それぞれのNPVを算出し、その値がプラスのものをすべて選択すれば、NPVの合計を最大にできます。

▶ 制約のある独立案で役立つ PIC 法

　制約のある独立案の場合は注意が必要です。
　NPVで判断する考え方が基本ですが、制約がある独立案の場合、判断を誤る可能性があります。それを避ける方法としてPIC法が使われます。

> **! 用語**
> **正味現在価値（NPV）法**
> Net Present Value の略。投資は、将来発生するキャッシュフローを購入することを意味し、それと投資額を比較する。すべてのキャッシュフローを現在価値に置き換えて比較する。

> **! 用語**
> **PIC 法**
> Profitability Index under Constraints の略で、「制約条件下での利益指標」の意。資源に制約があるのなら、その資源1単位あたりの価値を基準にして配分すればよいという考え方に基づく。

PIC法の計算式は次のようになります。

> PIC = NPV ÷ 制約資源（初期投資額）

合計投資予算300万円という制約で、次のような3つの投資案があるとします。
- A案　投資額100万円、NPV 20万円
- B案　投資額200万円、NPV 40万円
- C案　投資額300万円、NPV 55万円

　NPVが最大なのはC案であり、予算内で投資できるので、C案のみ選択としてよいでしょうか。

　A案とB案のNPVを合計すると60万円となり、C案単独の55万円を上回ります。投資額も合計300万円なので予算内です。この2案を選択する投資のほうがすぐれているのです。

A～C案で算出すると、次のようになります。

- A案　投資額100万円／NPV 20万円／PIC 20％
- B案　投資額200万円／NPV 40万円／PIC 20％
- C案　投資額300万円／NPV 55万円／PIC 18％

　PICの値が大きいものから順に、予算の範囲内で選択していけば、間違いのない解決にたどり着きます。

【管理会計に関する公式一覧】

本書でとりあげた計算式を五十音順に並べています。
管理会計の考え方の理解、実際の計算に役立てましょう。　　　掲載ページ

安全余裕率
＝（現売上高−損益分岐点売上高）÷現売上高　　　p131

売上原価
$= 製造原価 \times \dfrac{販売量}{製造量}$　　　p75

売上総利益
＝営業収益（売上高）−売上原価　　　p52

営業利益
＝売上総利益−販売費及び一般管理費　　　p52

企業価値
$= \dfrac{FCF_1}{(1+割引率)} + \cdots\cdots + \dfrac{FCF_n}{(1+割引率)^n}$　　　p170

許容原価
＝価格−利益　　　p85

経常利益
＝営業利益＋営業外収益−営業外費用　　　p52

原価
＝材料費＋労務費＋経費　　　p91

限界利益
＝売上高−変動費　　　p32, p164

限界利益
＝目標利益＋固定費　　　p115

	掲載ページ
限界利益率 ＝限界利益÷売上単価	p166
純資産 ＝資産－負債	p62
製造原価 ＝直接材料費＋直接労務費＋製造間接費	p91
税引前当期純利益 ＝経常利益＋特別利益－特別損失	p53
製品1個当たりの実際原価 ＝実際原価÷製造量（個）	p91
総原価 ＝費用－非原価項目	p74
損益分岐点売上高 ＝固定費÷限界利益率	p167
損益分岐点比率 ＝損益分岐点売上高÷現売上高	p130
直接材料費標準 ＝材料原価×消費量	p87
直接労務費標準 ＝賃率×予想作業時間	p88
当期純利益 ＝税引前当期純利益－税金（法人税、事業税など）	p53

【管理会計に関する公式一覧】

	掲載ページ
目標利益の達成に必要な売上高 ＝限界利益＋変動費	p115
利益 ＝収益－費用	p50 p74 p140
理論株価 ＝株主価値÷発行済株式数	p172
NPV ＝キャッシュイン・フローの現在価値 　－キャッシュ・アウトフローの現在価値	p192
PIC ＝NPV÷制約資源（初期投資額）	p193
RI ＝事業部利益－資本コスト×事業部総資産	p149
ROI ＝事業部利益÷事業部総資産	p149
WACC $= Re \times \dfrac{E}{D+E} + Rd \times (1-t) \times \dfrac{D}{D+E}$	p182

【参考文献】

- 『図解　管理会計入門』（渡辺康夫著、東洋経済新報社）
- 『図解　企業価値入門』（渡辺康夫著、東洋経済新報社）
- 『キャッシュフロー管理会計』（渡辺康夫ほか著、中央経済社）
- 『新・会計図解事典　会計がわかる人だけが手にするもの』（金子智朗著、日経BP社）
- 『基本のキホン！　管理会計』（金子智朗著、秀和システム）
- 『「管理会計の基本」がすべてわかる本』（金子智朗著、秀和システム）
- 『基本からわかる管理会計』（高橋香著、産業能率大学出版部）
- 『決断力を高めるビジネス会計』（森川智之著、中央経済社）
- 『実践！　原価管理　実例でわかるコストマネジメントのツボ！』（堀内智彦著、秀和システム）
- 『管理会計の基礎と応用』（浜田和樹著、中央経済社）
- 『＜入門＞原価のしくみと計算がわかる本』（木村典昭著、かんき出版）
- 『ナマケモノシリーズ②　ラクしてわかる原価計算入門』（ダイエックス簿記試験対策プロジェクト編著、ダイエックス出版）
- 『知識ゼロからの会計入門』（辛坊正記著、幻冬舎）
- 『管理会計の基本』（千賀秀信著、日本実業出版社）
- 『人気セミナー講師の会計実践講座』（千賀秀信著、日本能率協会マネジメントセンター）
- 『一番楽しい！　会計の本』（近藤学著、ダイヤモンド社）

【さくいん】

【英数字】

ABB（活動基準予算管理）………………… 108
ABC（活動基準原価計算）………… 102、108
ABM（活動基準原価管理）………… 106、108
PDCAサイクル ………………………… 117、118
PIC法 ……………………………………………… 193

【あ行】

アクションプラン…………………………… 24、120
安全余裕率………………………… 43、131、135
意思決定……………………… 19、154、160、188
意思決定問題…………………………………… 188
売上原価…………………………………… 58、75
売上総利益……………………………………… 52
売上高…… 50、58、82、115、126、128、131、136、166
売掛金……………………………………… 64、173
営業利益………………………………………… 52

【か行】

買掛金……………………………………… 64、173
回収……………………………………………… 174
外注費…………………………………………… 61
外部要因………………………………………… 121
加重平均………………………………………… 182
加重平均資本コスト…………………………… 182
株主資本………………………………………… 62
間接費………………………… 21、76、78、102
カンパニー制…………………………………… 146
管理会計…………………………………… 70、74
管理不能費……………………………………… 150
関連原価………………………………………… 21
機会原価………………………………………… 158
機会損失………………………………………… 159
企業価値………………………………………… 168
キャッシュフロー………………………… 32、174

キャッシュフロー計算書………………… 48、56
業務コストドライバー分析………………… 107
経済合理性……………………………………… 19
経済性評価……………………………………… 156
経常利益………………………………………… 52
継続価値………………………………………… 172
決算書…………………………………………… 48
結果指標………………………………………… 119
限界利益……………………………… 31、164、166
限界利益率……………………………………… 166
原価改善………………………………………… 84
原価企画…………………………………… 84、139
原価差異分析…………………………………… 92
減価償却費……………………………………… 66
原価標準………………………………………… 86
原価割れ…………………………………… 23、25
現金主義………………………………………… 58
コストドライバー……………………………… 104
固定費…………………………………………… 82
固定費型経営…………………………………… 134

【さ行】

財務3表 ………………………………………… 48
財務会計………………………………………… 70
仕入原価………………………………………… 59
事業部制………………………………………… 146
事業部制組織…………………………………… 146
自己株式………………………………………… 63
資産……………………………………………… 62
実現主義………………………………………… 58
資本金…………………………………………… 63
資本コスト………………………………… 180、182
資本資産評価モデル（CAPM）……………… 184
資本剰余金……………………………………… 63
純資産…………………………………………… 62
正味現在価値（NPV）法 …………………… 192

職能別組織	146	
人件費	60	
清算価値	172	
製造間接費標準	88	
製造原価	21、59、60、75、76、91	
税引前当期純利益	53	
総原価	74	
損益計算書	48、50、65	
損益分岐点	31、126、130	
損益分岐点比率	130、135	

【た行】

貸借対照表	48、54、173
耐用年数	66
棚卸資産	64
調達	174
直接材料費標準	87
直接費	21、76
直接労務費標準	88
手余り	162
定額法	67
定率法	67
手不足	162
当期純利益	53
投資	174、181
投資利益率	148、168、180、182
独立案	188

【な行】

内部要因	121

【は行】

バランスト・スコアカード	27、45、122
販管費	61、140
非付加価値活動	106
評価指標	24、119

標準原価管理	84、89
標準原価計算	86、91、92、94、98
付加価値活動	106
フリーキャッシュフロー	170、174
プロセス指標	119
返済・分配	174
変動費	82
変動費型経営	134
変動費率	144

【ま行】

マークアップ方式	138
埋没原価	37、160
マシンレート法	80
マンレート法	80
無関連原価	21
目標利益	114

【や行】

予算管理	114、116

【ら行】

利益管理	112
利益計画	113
利益剰余金	63
理論株価	172
労務費	21、60、75、78

監　修

渡辺　康夫　（わたなべ　やすお）

ビジネス・ブレークスルー大学大学院教授、有限会社知識創造研究所代表取締役社長。1970年、早稲田大学大学院理工学研究科修士課程修了（工学修士）。慶応義塾大学大学院経営管理研究科修士課程（MBA）及び博士課程所定単位取得（経営学博士）。三井東圧化学（現三井化学）、エッソ石油（現JXTGエネルギー）、情報通信総合研究所、早稲田大学ビジネススクール客員教授を経て現職。著書に『キャッシュフロー管理会計』（中央経済社）、『図解　管理会計入門』『図解　企業価値入門』（以上、東洋経済新報社）、『企業価値を創造する3つのツール　EVA・ABC・BSC』（分担執筆　中央経済社）、『ディシジョンメーキング』（日本能率協会マネジメントセンター）、『グループ企業の管理会計』（分担執筆、税務経理協会）ほか、がある。

激わかる！　実例つき　管理会計

2017年8月1日　初版第1刷発行

監修者	渡辺康夫
編著者	造事務所
発行者	岩野裕一
発行所	株式会社実業之日本社
	〒153-0044　東京都目黒区大橋1-5-1　クロスエアタワー8階
	電話【編集部】03-6809-0452
	【販売部】03-6809-0495
	ホームページ　http://www.j-n.co.jp/
印刷・製本	大日本印刷株式会社

©Yasuo Watanabe, ZOU JIMUSHO 2017 Printed in Japan
ISBN 978-4-408-45648-5（第一経済）

本書の一部あるいは全部を無断で複写・複製（コピー、スキャン、デジタル化等）・転載することは、法律で定められた場合を除き、禁じられています。
また、購入者以外の第三者による本書のいかなる電子複製も一切認められておりません。
落丁・乱丁（ページ順序の間違いや抜け落ち）の場合は、ご面倒でも購入された書店名を明記して、小社販売部あてにお送りください。送料小社負担でお取り替えいたします。
ただし、古書店等で購入したものについてはお取り替えできません。
定価はカバーに表示してあります。
小社のプライバシー・ポリシー（個人情報の取り扱い）は上記ホームページをご覧ください。